U0008328

*Rich*致富 339

不踩雷投資法

留意10大跡象，避開地雷股，發掘潛力股，掌握獲利原則

提姆・史提爾（Tim Steer）◎著

曾琳之◎譯

高寶書版集團

將本書獻給安德烈和湯瑪士

目錄
CONTENTS

目錄
CONTENTS

致謝

　　本書是為了廣大自己投資或為其他人進行投資的人們而寫的。同時，我也想讚揚那些意識到公司財務報表的意義與重要性的少數人。我從所有我認識的人當中列出了這些少數人，其中包括啟發我的人。他們都有探索的精神，並努力尋求難題的答案。在他們之中有許多人在困難的情況下仍做了正確的事情，甚至在某些情況下付出了不少代價。我謹代表所有投資人感謝他們的警覺心。

Adrian Frost	Angus Cockburn	David Toms
Adrian Gosden	Ashton Bradbury	Derek Stuart
Alan Brierley	Barney Randle	Emma Mercer
Alan Miller	Bruce Davidson	Eric Tracey
Alistair Currie	Charles Lambert	Euan Lovett-Turner
Alistair Osborne	Chris Bamberry	Evie Bowyer
Andrew Jackson	Daud Khan	Frank Field
Andy Bamford	David Bamber	Frank Manduca
Andy Brough	David Hellier	Gavin James

Gavin Oram
George Godber
George Luckcraft
Gerald Khoo
Harald Hendrikse
Harry Nimmo
Henry Dixon
Howard Seymour
Howard Shilit
Iain Dey
Jacob de Tusch-Lec
James Quinn
Joe Brent
John Collingridge
John Waples
Jon Lewis
Judy Groves
Katharine Wynne
Kean Marden
Keith Cochrane
Kevin Ashton
Leo Quinn
Louise Armitstead
Mal Patel

Margaret Young
Mark Tyndall
Martin Green
Martin Hughes
Mary Hardy
Matthew Earl
Matthew Groves
Max Dolding
Michael Donnelly
Mike Geering
Mike Unsworth
Miles Costello
Natasha Landell Mills
Neil Blackley
Neil Hermon
Neil Roberts
Nigel Ridge
Nigel Thomas
Oliver Shah
Paul Morland
Peter Davies
Peter Dickinson
Peter Smedley
Phil Bentley

Phil Oakley
Quintin Price
Richard Dale
Richard Findlater
Richard Fletcher
Richard King
Richard Leonard
Richard Plackett
Roger Hardman
Roger Phillips
Rosemary Banyard
Rupert Soames
Ruth Keattch
Simon Cawkwell
Sir David Tweedie
Stephen Liechti
Stephen Rawlinson
Stephen Yiu
Terry Smith
Tim Good
Wes McCoy
Will Lewis
William Tamworth

前言

阿卡波可的高崖跳水者

　　公司的股災就好像阿卡波可[1]高崖跳水者的猛然一躍。為什麼這麼說？這是因為當公司出現重大失誤時，股價下跌的速度往往跟從拉魁布拉達懸崖約四十一公尺高的地方往淺水灘俯衝而下一樣。阿卡波可高崖跳水者從未有過傷亡，但是公司股價暴跌，甚至只是拖延時間的花式跳水都可能導致破產，波及股東、員工、供應商、銀行家、審計師，甚至許多監管機構。當然，某些公司會復甦並由新的管理層接手，不過就算是這樣，股價崩盤對股東和其他利害相關人的影響仍然很大。

　　對於本書中所提到的公司，如果知道應該看哪些地方，投資人只要透過閱讀各間公司的年度報告或招股說明書，就可以預測股價下跌和導致公司破產的災難。很可惜的是，投資界似乎很多人都懶得看這些重要的文件，並在出現問題時

---

1 Acapulco，墨西哥度假勝地。

責怪審計師，甚至越來越常責怪監管機構。但是，顯示公司正在走下坡的警告訊號經常就在眼前，像是會計花招或其他明顯的跡象，又或是出色的成果僅來自於一次性與非經常性的項目，然而這些訊號通常會被投資人與其他利害關係人無視或忽略。

在英國擁有百年歷史的建商 Carillion 於 2018 年 1 月倒閉的事件只是企業災難的冰山一角。Carillion 是英國政府最愛的建築服務公司，也獲得了大量的公款，但是任何受過一點金融財經訓練的人只要稍微看一下該公司的資產負債表，就會產生一種似曾相識的感覺，接著意識到公司正在走下坡。當然，並非所有股災都可以透過公司的年度報告來預測，但至少是一個出發點，而且只需要一點知識就可以發現問題，避開可能虧損的投資決策。本書的目標就是要幫助投資人提前看出可能有問題的跡象。

在看年度報告時，永遠要想到冰山原則。你應該把一間公司的年度報告看成冰山的一角，因為其中所包含的資訊並不能讓你知道所有應該要知道的事。但是，如果年度報告中有某個部分讓你不安，那麼在水平面底下很可能還藏著更多讓人不舒服的部分，而那通常就足以讓人把股票賣掉或避開該公司的股票。

　　本書包含二十二個公司股價跳水的故事，有些公司從股價崩盤中倖存了下來，有些沒有。在這些公司當中，有二十間公司的年度報告都有很明顯的跡象顯示公司營運狀況不佳，而另外兩間的首次公開募股（IPO）招股說明書中也有些會讓潛在投資人眉頭一皺覺得不對勁的項目。雖然其中有大約一半的公司在新管理團隊的努力和策略之下，得以解決問題並倖免於難，但其他公司就沒這麼幸運了。

　　全書將這二十二間公司的股災依照主題分類介紹，經過分類後，我們可以發現歷史似乎一直重新上演，所以我要特別強調一下，這些公司所犯的錯通常都不僅限於單一主題。

　　例如，Carillion 和另一間名為 Amey 的建築服務公司有相似的特徵。Amey 也是當時英國政府最愛的民間融資提案（private finance initiative，簡稱 PFI）承包商。從這兩間公司各自的年度報告，我們可以看出它們都經歷了流動資產質量快速惡化，導致股價迅速下跌。此外，由於它們的負債不斷增加，所以將流動資產轉換為現金很重要，但是它們的現金轉換都失敗了，而這對於檢視過它們年度報告的人來說應該不會很意外。

　　英國外包服務公司 Capita 也未成功產生現金。Capita 傾向在展示成果時向投資人強調「潛在利潤」，而不是實際上

提報的、較少的利潤；而它的年度報告也指出公司的流動資產品質正在快速下降，尤其是應計收入的部分大幅增加。毫無意外地，新的管理團隊很快就為公司再融資，因為應計收入根本就沒有收入。

北岩銀行（Northern Rock）在崩盤之前曾是英國最大的抵押貸款機構，北岩銀行和另一間向較不富裕的人提供貸款的民間高利貸業者 Cattles 也有相似之處。雖然北岩銀行在 2007 至 2008 年的金融危機時就暴露出了融資弱點，但是從這兩間公司戲劇性的倒閉前所發布的年度報告，我們可以很清楚地看出它們都把英國大眾償還債務的意願看得太過樂觀了，所以它們的放款金額激增，卻沒有足夠的壞帳準備。此外，它們的公司董事長甚至說了差不多的話來強調公司有多重視「成長」、「信用品質」和「效率」。不幸的是，他們都忘了任何人都可以借錢，困難的是還錢。

2011 年被惠普收購的 Autonomy 曾經是英國最大的軟體公司。Autonomy 在確認軟體銷售的收入上跟 iSOFT 有一樣的傾向。iSOFT 曾是參與全球規模最大卻以失敗告終的 IT 計畫的核心團隊，該計畫致力於數據化英國國民健保服務。惠普及其顧問團隊似乎忽略了 iSOFT 的教訓。

大量應計收入是可能出現問題的警告訊號，因為應計收

入終究只是估計值，有時只能仰賴過度樂觀與熱情的管理團隊的判斷。當然，我這樣說只是想試著展現體諒，正是這些管理者的樂觀與熱情，才會造成 iSOFT、雪松集團（Cedar Group）、Utilitywise，以及在 2015 年愚昧地收購了 Quindell 人身傷害相關業務、澳洲知名斯萊特與戈登律師事務所（Slater&Gordon，以下簡稱 S&G）的問題。

這些公司都有鉅額的應計收入。S&G 律師事務所為一家企業支付了 6.37 億英鎊，而該企業的主要資產居然是應計收入，占了當年銷售額的 40％。S&G 現在當然希望他們從沒有接近過 Quindell，在這之前 S&G 一度具有超過 20 億澳元的估值，後來股價卻跌到幾乎毫無價值可言。你看，所有的應計收入都不曾轉化為現金。

能源經紀商 Utilitywise 確認其能源供應商應收收入的方法，取決於使用貼現率對預期的佣金金流進行估值，這就已經反映了收入可能會有不被支付的風險。而可能會令某些人震驚的是，Utilitywise 突然將貼現率降低了三分之二，收入和利潤因此明顯地大幅增加。這一項重大改變就藏在該公司的年度報告中，就如同水平面上的冰山一角，這是一個要避開的警告訊號，因為 Utilitywise 在認列帳目上的彈性太大了。

當雪松集團很明顯地需要平均 9 個月的時間才能拿到軟

體銷售的現金收入時，該公司的股票就像大樹倒下一般，因為股票認購權失敗而大跌。在所有的可能性當中，雪松集團的客戶可能真的並不認為自己欠了錢。幾年後，另一家軟體公司 iSOFT 也發生了幾乎一樣的事，其激進的收入認列政策使得銷售額被大幅誇大。iSOFT 在 2004 年度的報告中高達 5,000 萬英鎊的應計收入就是一個警訊，可惜許多人都忽略了。iSOFT 和雪松集團的情況非常相像，這實在很令人驚訝，看來似乎只有某些人可以從過去的錯誤中吸取教訓。

看到關係人交易時，跑得越遠越好。英國的投資人們就不幸地捲入了醫療保健公司 Healthcare Locums 和物業服務公司 Erinaceous 的事件，這兩間小公司的共同點是董事之間的關係都非常緊密，當然與朋友和家人做生意並不是這兩間公司股價崩盤的原因，但投資人應該為此眉毛一皺，趕快逃跑。

在藍領外包服務產業裡，麥提（Mitie）與失敗的康諾特（Connaught）有許多相似之處，但多虧了新的管理團隊，這些相似之處並沒有維持太久——雖然那已經是在該公司不得不大幅重申前幾年的數字後的事了。麥提和康諾特都用了不少會計花招，也都將籌劃新合約所產生的重大啟動成本資本化以誇大利潤。

NCC 是一家應該要表現良好的網路安全公司，但該公

司也資本化了重要的項目好讓利潤成長，直到他們坦承已列為資產而非費用的開發與軟體成本根本無法回收為止。

　　麥提和 Carillion 的商譽變成了負面商譽。Carillion 或許不是公然地惡意操作，但麥提確實是，即使在當時有一間剛被收購的、被包含在其商譽項目中的醫療保健公司的交易快速惡化並提報了重大損失，麥提仍然繼續在 2016 年的年度報告中高估商譽作為資產的價值。那麼，他們要如何證明這筆業務的可收回金額為 1.45 億英鎊呢？答案是他們不能！麥提很快就賣掉了這筆業務……只賣了 2 英鎊！

　　部落集團（Tribal Group）現在是一家運作良好的教育軟體公司，但是在此前它曾經是大雜燴，並且遭受了兩次股價暴跌。過多的收購通常代表公司不夠聚焦，而且坦白說，該集團內有太多「部落」，以致於無法在地方政府的「叢林」中保持集團的一致性，並開始在某些合約上累積了相當大的應計收入……於是就出錯了。

　　以收購為導向的公司通常不會為股東增加價值。只要問那些參與 Matthew Clark 收購案的投資人就知道了。Matthew Clark 是老字號的英國酒水產業，收購這間公司的是 Bargain Booze 的所有人，也就是初出茅廬的英國零售巨頭 Conviviality，他們當時一定是喝醉了。我們從帳目上可以很

清楚地看出他們大概是被收購沖昏了頭，所以才會在該筆收購大約 22 個月以後不得不重新評估並調降從 Matthew Clark 所獲得資產的公允價值。這也透露了關於 Conviviality 我們需要知道的事：該公司的財務狀況、管理大型收購的能力，甚至是管理自身公司業務的能力。這也難怪他們會沒考慮到稅收，又做了錯誤的預測。

IT 守護者（Guardian IT）曾經是英國領先的災難恢復公司，卻在收購領先的競爭對手安全網（Safetynet）時發生了災難，這筆收購一點也不不安全，因為安全網的營運並不如預期。IT 守護者曾是科技熱潮中的明星公司，卻被美國 SunGard 數據系統公司僅以原本股價的一小部分價格收購。從 IT 守護者早期的年度報告中我們可以清楚地發現，該公司並未發展其核心業務，而是仰賴收購來實現成長。

S&G 律師事務所收購 Quindell 的人身傷害業務，以及惠普收購 Autonomy 也是，這兩個收購都一定會破壞股東價值，因為帳目都沒有成長，收入的確認也都太主觀。這樣看來，S&G 與惠普的管理團隊都沒有達到應該要有的調查水準。

當美國能源公司安隆（Enron）破產時，安達信會計師事務所（Arthur Andersen）從獲得公眾關注到變成焦點。安隆向安達信會計師事務所支付了 2,700 萬美元的非審計服務

以及 2,500 萬美元的審計服務，這使得該能源貿易公司成為安達信會計師事務所最大的客戶之一。安達信會計師事務所甚至認為如果事情順利發展，其費用總額可能超過 1 億美元。我們可以看見這裡存在著明顯的利益衝突，當非審計服務達到一定的利益水平時就是一個警告訊號，這代表帳目中的數字更可能是虛構的，而非事實。英國的折扣零售商 Findel 就是在這種情況下股價暴跌。

投資圈中有一句很有名的說法：「趨勢是你的朋友。」分析從一年到另一年的一系列數字，對於東芝（Toshiba）的投資人而言是一項有用的練習。通常，資產負債表上的項目，例如債務和債權，大致會與公司的活動水平一致，而當這種趨勢被打破時就需要進一步的調查。東芝從 2007 年到 2013 年之間銷售額下降、折舊費用下降、庫存水平大幅上升、利潤暴跌，這些本來應該能夠輕易地就被發現的。這個灑狗血的故事背後還藏著更糟的狀況，那就是經過東京的監管機構調查，發現該公司將利潤誇大了約 40%。管理團隊最後引咎辭職。

AO World 是洗衣機和其他大型家電的網路零售商，在該公司首次公開募股的文件中，我們可以清楚地看出他們的搜索引擎廣告支出暴增，這代表新的支出模式正在產生，而

過往的獲利模式將難以複製。某些投資人要不是沒看見，就是忽略了 AO World 靠 Google 等搜尋引擎投放廣告所得到的成長趨勢已經過去了。AO World 自上市以來一直沒有報告盈利（一部分正是因為行銷支出的增加），但奇怪的是，當他們在行銷支出比較少，以及董事們將股票轉讓給某些老牌的股票投資人時，也就是股票上市的前一年，卻做到了。

運動導向集團（Sports Direct）的首次公開募股是另一場災難。該公司的股價在上市後便像花式跳水一般下跌了 20 個月，損失了將近 90％的價值。當然，這可能是因為運動導向集團本來預估繡著三隻獅子的英格蘭隊球衣會有很好的銷售表現，但是英國最優秀的足球員卻未能晉級 2008 年歐洲足球錦標賽，不過只要稍微看一眼首次公開募股的招股說明書就會發現該公司上市前一年的庫存調整不太正常，光是這一點就很值得投資人提出一、兩個質疑了。

所以，警告訊號無所不在。樂觀的預期加上對某些會計準則的自由解釋，往往是問題的癥結。英國現行會計準則的問題就在於它們太以原則為導向，卻又保有解釋和應用的空間。相比之下，美國的會計準則以規定為導向，而且更嚴謹。

國際財務報告準則第 15 號「客戶合約收入」（以下簡稱 IFRS 15）是由國際會計準則理事會（International

Accounting Standards Board，簡稱 IASB）與美國財務會計準則委員會（Financial Accounting Standards Board in the US，簡稱 FASB）花了 16 年才共同商定並創建的新會計準則，於 2018 年 1 月生效，這項準則應該能夠終結公司帳目在前期就進行收入確認的會計政策。如果它能早點出現，或許我們最近在 IT 和支援服務公司中所看到的許多會計花招都不會出現。現在，全球都在等待金融工具與租賃相關的類似法規生效，因為這些法規也一樣將會對公司的財報有重大的影響。

與此同時，請記住一件事：在所有的年度報告中，只有現金是事實（直接欺詐的情況除外，例如義大利乳製品公司 Parmalat 就浮報了並不存在的 45 億美元），其他的都只是意見或估計值。我們應該抱持著懷疑的態度，以及對審計師經常在預算吃緊的情況下工作、調查能力有限的理解，把年度報告從頭到尾讀完。審計師經常得靠管理團隊為他們所獲得的資訊提供保證，所以不可能永遠都是對的。

最後一章探討了現行的審計、監管等體制問題，並提出了一些改善現狀的建議。本書最重要的期望和目標，就是想要幫助投資人避開各章節中所檢視的各種可預期的災難。

想要不斷選中冠軍股非常困難，這也是為什麼就連最優秀的專業投資人也很少能夠永遠在遊戲中保持領先。但是，

無論金融市場中出現什麼主題和趨勢，只要透過對年度報告的簡單分析和冰山原則的應用，就能避開股災，而這可能比挑選贏家股更重要。本書的案例將幫助投資人始終處在遊戲的頂端。

第一章　阿布拉卡達布拉[1]，如我所說的創造！

成本轉列為資產，將獲利最佳化

有一種讓成本消失的方法，是將成本稱為資產，讓成本變成不同的會計科目。用這種方式將成本從損益表中拿掉，並且移到資產負債表，獲利就會繼續成長、期望就可以達標、管理者就得以保有高薪工作，股價則將持續上漲。根據國際會計準則第 38 號「無形資產」（以下簡稱 IAS38），這套做法是被允許的。該條款規定只要符合某些標準，公司的開發成本必須以這種方式計算。這些標準是：

- 這些成本必須是某項計畫的一部分，此計畫在技術上是可行的，且將可被應用或販售。

- 公司必須有完成該計畫，即建立無形資產的意向。

- 必須證明該無形資產在未來可以創造經濟效益，即對公司來說，產生開發成本的產品必須存在著市場或經

---

1 原文為 Abracadabra，魔術師在變魔術時經常說這句話，一般認為有「如我所說的創造」的意思。

濟用途。

● 公司具備足夠的資源以完成開發。

● 無形資產的支出可以被確實地計量。

一旦開發成本資本化（也就是列入資產，而非費用項目），從資產可供使用開始，開發成本將在其使用年限內攤銷（也就是該成本將分期逐步沖銷）。網路安全專家 NCC 集團（本章即將探討的兩家公司之一）的問題在於，公司內部所開發的軟體攤銷發生的非常緩慢，而開發成本又根本沒有被攤銷。此項目就一直列為收益成長，直到偶有這些資本化的成本可以透過損益表核銷。這表示它們可能從一開始就不該被核定為資本。

康諾特是一家失敗的公部門服務供應商，也是本章主要的案例。康諾特將建立一套新軟體系統的大量人力成本資本化。這樣的做法並沒有任何問題，問題是出在該公司所資本化的金額很可疑。康諾特甚至在某些合約尚未生效前就將大量的成本資本化，這些成本被稱為動員成本，而根據國際會計準則第 11 號「建造合約」（以下簡稱 IAS11），它們被允許資本化並在合約期間內被沖銷。同樣地，康諾特這些成本的規模應該要引起關注，特別是康諾特的一些競爭對手並未將這些成本資本化，卻還是可以將它們沖銷。

公司年報中的無形資產所帶給我們最重要的教訓，就是無形資產無法被精確地評估或定義。正因為如此，無形資產為公司提供了很大的空間來調整獲利（提高或降低），所以我們在看公司年報時，應該要特別檢視無形資產的部分。

康諾特

股東什麼都沒有，只有零元

康諾特在 2004 年至 2009 年間提報了 48％的獲利複合成長，是當時股市的寵兒，但是它在 2010 年陷入了管理危機，最後股東什麼都沒賺到。康諾特成立於 1982 年，是一家專業混凝土維修公司，到了 1990 年代，康諾特往多角化發展，成為了社會住房服務的外包商，為地方政府和住房協會修理門窗與鍋爐。1996 年該公司進行管理層收購時，已經可以預期到 1998 年另類投資市場（Alternative Investment Market，簡稱 AIM）的浮動。另類投資市場是倫敦證券交易所（London Stock Exchange，簡稱 LSE）針對小型新興公司，以較寬鬆條例所監管的股票市場。2004 年，康諾特當時的收入約為 3 億英鎊，淨債務趨近於零，而且正忙著收購相關業務。2006 年，

康諾特在倫敦證券交易所上市，並在 2007 年被納入指標性的富時 250 指數（FTSE250）[2]。康諾特的股票進入主要市場後，得以透過發行股票籌集資金來擴大業務範圍並進行更多收購，例如該公司於 2007 年以超過 9,000 萬英鎊收購大不列顛環保服務公司（National Britannia），以及在 2009 年以 1,300 萬英鎊收購噴泉公司（Fountains）。似乎沒有什麼可以阻止這家不斷發展的公司。

但就在 2010 年 1 月，當所有人都認為康諾特發展得很好時，該公司從 2005 年就一直擔任執行長的馬克・戴維斯（Mark Davies）突然決定離職。馬克擁有歐洲工商管理學院（INSEAD）的碩士學位、任職過英國集寶（Chubb）總經理等傲人的背景。他在離職之前甚至出售了價值 550 萬英鎊的股票。為什麼他要離職並出售股票？儘管該公司發表了一份試圖安定人心的聲明，聲稱「董事會認為公司持續表現良好，且該集團的前景依然強勁」，這些股票仍然開始失去價值。

而在 2010 年 4 月該公司的管理團隊寫給員工的一封信中，該團隊將股價大幅下跌歸咎於避險基金賣空股票，以及一份「存在著根本性錯誤、相當平庸的分析，該分析一再重

---

2 倫敦證券交易所市值排名第 101 ～ 350 名上市公司的股票指數，通常由在英國營運的英國公司所組成。

提過去毫無根據的謠言和廢話，並給出錯誤的數據」，他們
說這份分析「完全不專業」。

康諾特的股價往零元直落

資料來源：Datastream 資料庫

不過，實際上該為康諾特的災難被責難的不是別人，
正是管理團隊。他們未能成功預測並解決新客戶快速改變的
需求，這代表著預期之外的成本已發生。管理團隊將這些成
本隱藏在資產負債表中，以避免影響主要利潤（當然還有股

價）的評估。最後，康諾特的現金流糟糕到公司的債務達到
了銀行債務契約失效的水準，這就連新上任的董事長羅伊
加德納爵士，這位城市大亨、曼徹斯特聯隊主席、森特理
克（Centrica）執行長和金巴斯集團（Compass Group）董事
長的名聲都無法挽救。隨著康諾特的崩盤，英國財務匯報
局（Financial Reporting Council，會計師的監管機構，簡稱
FRC）隨後對普華永道會計師事務所（PwC）涉及康諾特無
形資產、應收帳款和動員成本的不當審計行為罰款 500 萬英
鎊，這在當時可是打破了罰款紀錄。對於那些懶得看 2009
年康諾特年報的人來說，這些跡象其實都明顯到令人懷疑。

什麼地方出了錯？

對康諾特造成傷害的，是其不斷變化的商業模式。新業
務帶來了高達 28 億英鎊的訂單入帳，也因此在資訊系統和
人員培訓上需要花費大量資金。康諾特承接了比以前複雜很
多、反應式維護的合約，簡單來說就是客戶可以即時通知並
要求康諾特修理鍋爐和門等等，而這需要一套全新的營運系
統。康諾特的客戶之中有許多是地方當局，隨著這些單位的
需求似乎越來越大，合約也變得更龐大、更複雜。康諾特也

因此需要增加投資，然而這些新的投資嚴重影響現金流，也讓債務不斷上漲。為了防止這些成本影響投資人預期的獲利成長，康諾特只好將其資本化，並將這些成本列為資產負債表的資產。

引爆點和警告訊號

康諾特在 2009 年的年報封面上，粉飾性地寫了「永續發展的事業，始終如一」，企圖安撫那些只在意康諾特表面價值的債權人、客戶、投資人和員工。然而事實是，這段話和現實完全搭不上邊：根據該報告的一小部分內容顯示，康諾特的營運成本並未反映在重要的損益表中，以藉此誇大其利潤。資產負債表展現的是真實的狀況，損益表則否。從這份年報當中，我們可以看出該公司的特定支出費用藏在兩個部分裡：附註 15—貿易與其他應收帳款與附註 11—無形資產。

附註 15—貿易與其他應收帳款（部分摘錄，單位：百萬英鎊）

2009	總額	尚未到期	過期 1-3 個月	虧損 3-6 個月	虧損 6 個月以上
應收帳款	49.8	**31.8**	14.1	1.4	2.5
合約可收回帳款	105.0	**101.0**	2.7	0.5	0.8
	154.8	132.8	16.8	1.9	3.3

＊「應收帳款」的帳齡分析，包括應收帳款與客戶所欠的保留金，扣掉壞帳的備抵金額 160 萬英鎊（2008 年為 180 萬英鎊）。年度內壞帳的撥款變動，對於會計信息披露並不重要。

＊「合約可收回帳款」的帳齡分析，包括流動資產與非流動資產下的應收帳款。其他應收帳款排除在上述分析中，並且已列為 290 萬英鎊的尚未到期款（2008 年為 340 萬英鎊）。

＊「合約可收回帳款」是已賺取金額的估值，或是尚未與客戶完成商議，但是先依照相關合約條款進行的估值。這些金額已依據其可收回的預估價值計入。其中包括了在相關合約期間內可以收回，但是尚未到期的帳目 2,780 萬英鎊（2008 年為 1,260 萬英鎊）。逾期六個月且仍待客戶同意的帳目，精巧地依照其預估註銷的可回收價值計入。

資料來源：2009 年康諾特年報

動員成本的資本化

在「附註 15—貿易與其他應收帳款」（請見上一頁），我們可以看到合約可收回帳款，也就是「在相關合約的期間內可以收回的錢」的金額非常高。這一點非常不合理，也給人「這些應收帳款需要很長的時間才能收回」的印象，如果確實能夠收回的話。依照該公司管理團隊的說法，這些是啟動新合約時所產生的動員成本或設置成本，但這些金額非常龐大，也比去年大幅增加了許多。我們可以發現有 2,780 萬英鎊因為新合約而產生的設置成本並未反映在損益表上。

而在「附註 11—無形資產」（請見右頁）中，有 1,550 萬英鎊的電腦軟體成本，其中大部分是內部產生的，即康諾特已將其內部勞動人力的工資和薪水資本化，而且這些支出似乎大部分都是在兩年內產生的。假設每年支付一位專業的 IT 員工 4 萬英鎊，康諾特公司內部就擁有超過 190 名員工從事 IT 專案。鑑於這是一家社會住房服務承包商，而非 IT 公司，這樣的數據資料很難令人信服。這些 IT 系統很顯然還未開始使用，因此它們甚至還沒開始攤銷，不會被列為所提報利潤的成本支出。

因此可以說，該公司繞過了損益表，規避了 4,330 萬英鎊的成本（該公司聲稱致力於新系統所需的 1,550 萬英鎊員工成本，以及新合約據稱所需的 2,780 萬英鎊啟動成本）。在獲

附註 11一無形資產（部分摘錄，單位：百萬英鎊）

	電腦軟體	研發支出	併購客戶關係	併購電腦軟體	總計
成本					
至 2008 年 9 月 1 日	8.2	4.5	30.4	5.8	48.9
增加	9.4	1.9	–	–	11.3
收購	–	–	6.3	–	6.3
處分	–	(6.4)	–	–	(6.4)
至 2009 年 8 月 31 日	17.6	–	36.7	5.8	60.1
攤銷					
至 2008 年 9 月 1 日	1.5	1.3	7.9	1.0	11.7
年度認列成本	0.6	0.9	7.8	1.2	10.5
處分	–	(2.2)	–	–	(2.2)
至 2009 年 8 月 31 日	2.1	–	15.7	2.2	20.0
淨帳面價值					
至 2009 年 8 月 31 日	15.5	–	21.0	3.6	40.1
至 2008 年 8 月 31 日	6.7	3.2	22.5	4.8	37.2

＊「軟體」中包含內部產生的軟體，而所有攤銷皆已經以行政費用計入損益表，董事會認定開發資產的使用年限為五年。其他購入的軟體則以較短的年限為準，在其使用年限內或是四年內攤銷。「客戶關係」指的是收購附屬公司所獲得的合約之價值，並按合約目前的平均期限 3.25 年進行攤銷。

＊ 電腦軟體包括正在建設的資產 1,080 萬英鎊（2008 年為 690 萬英鎊），由於尚未投入使用，截至 2009 年 8 月 31 日尚未攤銷。

資料來源：2009 年康諾特年報

員工成本資本化　　　　　　　未使用的電腦系統

利只有提報 2,670 萬英鎊的背景下，上述成本金額顯得非常龐大，任何人只要大略地看一下公司的年報就可以看出這一點。儘管如此，在這份年報中有太多無法辨識的成本，例如畢馬威會計師事務所（KPMG）的監管人員在康諾特里茲辦事處發現的 5 萬張未付款發票。對於那些持續關注康諾特帳目的人來說，康諾特在 2010 年破產並不令人意外，畢竟康諾特欠下貸款人 2.2 億英鎊、無擔保債權人 4,000 萬英鎊——大部分是私人擁有、無法負擔未收到報酬的小型轉包商。這也許跟管理團隊有太多足以令他們分心的事務而無法專注於管理也有關聯：康諾特不僅是英國切爾滕納姆賽馬節（National Hunt Cheltenham Festival）的贊助商，還贊助了主席才華橫溢的兒子哈利，讓他可以致力成為賽車手。

在 2016 年，也就是康諾特破產後約莫六年，英國財務匯報局判定針對普華永道會計師事務所（康諾特的審計團隊）所涉及之不當行為的指控成立，而這與普華永道在康諾特的動員成本與無形資產等方面的審計工作有關，這些作為遠低於審計師應該要有的水準。此外，康諾特的財務總監也承認，他的行為過於大意、行事缺乏誠信。他最後被判罰款與五年內不得擔任特許會計師。

學到的教訓

康諾特 2009 的年報是窗飾傑作。2009 年康諾特的真實商店櫥窗是一份損益表，其中明確指出，從好的一面來看的話，在計入商譽和例外項目之前，康諾特的營業利潤成長率為 35％，成長至 4,840 萬英鎊。但是在對外展示時，卻以利潤不斷增加的表像掩蓋了事實：許多成本都未呈現在損益表上，並且被記錄在我們看不見的資產負債表上。因此，**資本化成本，特別是內部產生的成本與長期應收帳款大幅增加，往往是收益被誇大了的警訊**。

NCC集團

大量的無形資產

NCC 集團是一家提供軟體託管、驗證與網路安全管理公司。由於現在無所不在的駭客攻擊、後門攻擊、電腦蠕蟲、竊聽、欺騙、資料篡改、網路釣魚，與天知道那些棘手的俄國駭客和其他人正在忙什麼，NCC 的營運狀況應該要非常好，但它在 2016 年表現不佳，導致了隨後出現的警告，警

示這家公司的利潤將低於預期。

　　該集團第一次，也是股價下跌最慘烈的一次，就是在那一年。當時 NCC 警示，將無法達到市場預期的盈利，而 NCC 在前一年（2015 年）才剛以 275 便士的價格籌集到了 1.26 億英鎊。此交易展現了市場的高度期待，但 NCC 在 2016 年的狀況顯然很不好。此外，2017 年初還有另一項盈利預警，NCC 承認將對公司具有重要保證性、從事提供網路安全諮詢和專業服務的部門啟動策略評估。

　　NCC 不斷將成本資本化，包括大量內部產生的軟體與其他開發產品成本。就會計而言，這些都符合會計準則的作法，但這些都是在預期利潤的前提下所產生的大量成本，而這種會計處理使得支出不會在損益表上呈現。直到某次公司針對其可收回性進行定期性的重新評估時，才確定了有好大一部分前述資本化的成本都無法回收。有鑑於 NCC 對內部生成的軟體和其他開發產品的可回收性評估是錯誤的，再加上預期利潤也是依據管理團隊的評估而得來的數字，後面出現的定期性盈利警告照理說不會讓人感到太意外。

NCC 應該要有好的表現

　　NCC 將自己描述為「網路安全與風險緩釋的全球專家」，正如其重要的 2017 年年報所述，「在當今的威脅情勢下，了解您的組織與客戶所面臨的風險，比以往都更加重要」。

兩次盈利警告與兩次股價下跌

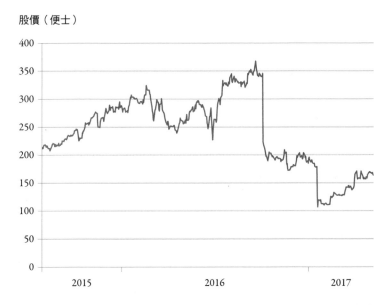

股價（便士）

資料來源：Datastream 資料庫

　　好吧，但有些人也會說「評估一個人所持有的 NCC 股

票的風險也很重要」。NCC 身處在網路安全的市場，這是一
個時下備受矚目的熱門市場，但它仍未能達到預期。盈利警
告也伴隨著高層管理人員的去留，董事長與首席執行長雙雙
離職。股價看起來好像從懸崖上掉下來──還掉了兩次。我
們能不能透過仔細檢查 NCC 2016 年的年報預先發現問題？
它是否足以警告我們最好避而遠之？這兩個問題最簡單的答
案都是肯定的，線索就在「附註 11 －無形資產」（見第 38 頁）
裡。在這份附註中可以看到 2016 年 NCC 年報中最大的數字
（2.97 億英鎊），你怎麼會不想了解這個數字？

籌集資金、增加債務

早在 2015 年，就有跡象顯示 NCC 並不像有些人想像的
那樣具有賺錢能力。NCC 把現金消耗在開發自家的軟體，
與其他開發產品所產生的鉅額成本上。2015 年底，NCC 發
行每股價值 275 便士的股票，募集了 1.26 億英鎊。該公司提
議以 7,400 萬英鎊的初始對價收購領先業界的荷蘭公司 Fox-
IT，並在該交易的第一與第二週年，每一年額外支付 1,050
萬英鎊。顯然，NCC 籌集的資金遠超過收購 Fox-IT 所需的
費用，比初始對價所需的多了 5,200 萬英鎊，也比支付所有

三筆款項所需的資金多出 3,100 萬英鎊。這似乎表示企業正在消耗現金，董事會需要籌集的資金不僅僅是購買 Fox-IT 所需的資金，而他們將這些資金需求都包含在收購的籌措資金之中。一些投資人對籌集資金的鉅額額度感到驚訝。顯然，發售新股是為了兩項目的：收購 Fox-IT，以及支付 2015 年 11 月提報的 6,500 萬英鎊債務，此債務當時還在持續升高。順便說一句，NCC 為 Fox-IT 所支付的金額將近 55 倍的稅後利潤，超過營收的 5 倍，其中大部分來自一份與荷蘭政府的合約。所以收購 Fox-IT 的代價非常高，而 NCC 希望這筆買賣是值得的。

一筆無形的鉅額數字

NCC 在其 2016 年報中記錄了將近 3 億英鎊的「資產」在無形資產下。但麻煩的是，NCC 出乎意料的每隔一段時間就不得不將這些資產減值。

無形資產包括：NCC 自己寫的軟體與開發成本，猜猜看是哪來的？沒錯，正是由 NCC 本身所產生的開發成本；還有客戶合約與關係的金額；與在很大程度上由 NCC 自己證實的商譽價值。當然，以這種方式計算某些成本並沒有什

麼問題，但它確實會將這些成本放在損益表與每股收益數字之外，而通常不太精明的投資人只會看這些地方。

請參閱 2016 年 NCC 年報的「附註 11—無形資產」，由於此附註包含了年報中金額最大的數字，而且也是成長最快的數字，我們應該要知道這裡有敏感資訊，任何用功的投資人都該仔細研究。

附註 11—無形資產（摘錄，單位：千英鎊）

	電腦軟體	研發支出	客戶合約與關係	商譽價值	加總
成本					
至 2014 年 6 月 1 日	12,943	4,974	23,018	91,651	132,586
透過企業合併收購	340	–	24,581	62,680	87,601
增加—內部開發	5,075	3,100	–	–	8,175
匯率波動影響	–	667	257	1,189	2,113
至 2015 年 5 月 31 日	**18,358**	**8,741**	**47,856**	**155,520**	**230,475**
透過企業合併收購	1,706	–	25,393	72,915	100,014
增加—內部開發	6,944	1,919	–	–	8,863
成本減記	–	(6,858)	–	–	(6,858)
匯率波動影響	(18)	390	2,958	7,705	11,035
至 2016 年 5 月 31 日	**26,990**	**4,192**	**76,207**	**236,140**	**343,529**

最終被減記價值的開發成本　　　大量內部開發與軟體成本資本化

附註 11—無形資產（摘錄，單位：千英鎊）

	電腦軟體	研發支出	客戶合約與關係	商譽價值	加總
累計攤銷與減值損失：					
至 2014 年 6 月 1 日	7,156	–	15,366	–	22,522
年度認列	516	–	2,207	–	2,723
匯率波動影響	–	–	294	–	294
至 2015 年 5 月 31 日	7,672	–	17,867	–	25,539
年度認列	1,576	–	6,833	–	8,409
減值損失	–	–	–	11,877	11,877
匯率波動影響	–	–	427	–	427
至 2016 年 5 月 31 日	9,248	–	25,127	11,877	46,252
帳面淨值					
至 2016 年 5 月 31 日	17,742	4,192	51,080	224,263	297,277
至 2015 年 5 月 31 日	10,686	8,741	29,989	155,520	204,936

軟體攤銷金額非常低　　未攤銷的開發成本

＊ 管理團隊用商業預測來決定軟體資產價值，以及與開發新產品和服務有關的開發成本，兩者的成本可收回性。客戶合約與關係的剩餘有用經濟年限為 **2 至 10 年**。

資料來源：2016 NCC 年報

比軟體與開發成本短很多

　　從 2012 年到 2016 年，未攤銷的無形資產金額以每年 35％的複合成長率，成長至 3.44 億英鎊。銷售收入或許以每年 24％成長率高速成長，但同期資本化軟體與開發成本的成

長，以更高速的 42％成長率在每年成長。光是這點就足以敲響警鐘，提醒我們需要進一步了解這裡的數據。

附註 11 重要的原因如下：

● 開發成本似乎永遠不會被攤銷，因此它們完全避開了損益表。

● 2016 年，在 NCC 透過「特殊例外項目」進行策略審查後，將 680 萬英鎊的開發成本減值。記得要小心這些狀況，特別是如果它們不斷重複發生，因為這代表它們可能根本不是特例。如果開發成本已被攤銷，應該會從 2012 年至 2016 年的利潤中支出費用。

● 早在 2012 年，在決定不繼續執行新的系統，而是沿用公司現有的系統後，NCC 註銷了 610 萬英鎊的軟體成本。一家 IT 公司未能開發出一套令自己引以為傲的新系統，就是一個很糟糕的預兆。

● 針對 NCC 過往的無形資產，從 2016 年起往回回溯過去 4 年的資料分析發現，資本化軟體成本的攤銷期限為 18 年至 45 年。資本化軟體成本的有效經濟年限如此長久，是否可信？

● 相比之下，NCC 將客戶合約與關係相關的資本化金額之有效經濟年限，登記為 2 到 10 年。如果軟體和

開發成本是發生在合約和關係已經存在的客戶上，那麼更謹慎的方法應該是在相同年限，但是比介於 2 到 10 年更短的時間之內攤銷吧？至少要有著一致性。

學到的教訓

理解帳目中最明顯的數字──無形資產在 NCC 的案例──以及其計算所使用的主觀方法，永遠是一個好主意。《牛津袖珍詞典》將「無形物」描述為「無法在精神上被掌握、無法精確評估或定義的事物」。NCC 的案例正是如此，該公司不斷調整過去的無形資產的價值，這顯示過去的預估是錯誤的，其結果就是歷史利潤被誇大了。在 2016 年年中 NCC 所公布的報告中，對資本化開發成本的調整非常明顯。因此事後看來，在 2016 年底因為三項大合約取消、專案延期和管理服務合約出狀況所發出的盈利預警不該讓人感到驚訝，畢竟一切都需要重新進行價值估算，而 NCC 過往已經有過兩次估算錯誤的紀錄了。NCC 現在已經籌組了新的管理團隊，並且進行了後續的策略檢討，因此表現好多了。

第二章 庫存很重要

利潤如何被庫存價值所影響

　　國際會計準則第 2 號「存貨」（IAS 2）規範存貨的會計估值應符合按成本和可變現價值的較低值進行估值。如果不是，就可能會帶來不好的結果。

　　只要詢問東芝（參閱第 229 頁）、英國百年品牌皇家道爾頓（Royal Doulton）或 Aero Inventory 的投資人庫存估值是否重要就知道了。這些公司最終都不得不承認庫存估值過高，造成之後的價值減記導致股價崩盤。事實上，這對 Aero Inventory 的衝擊非常嚴重，嚴重到該公司幾乎立刻就破產了。

　　日本跨國公司東芝，多年來一直誇大其半導體和個人電腦庫存的價值，以確保公司達到預期的目標，這樣的行為一直持續到 2015 年。東芝的中央管理團隊向業務部門經理提出了所謂的「挑戰」，指示他們必須要達到的目標，同時威脅他們「如果不這樣做，某些業務會有被終止的可能」，這意味著員工可能會失去工作，所以只好靠操縱利潤以達到目標。這也導致東芝隨後便因為會計詐欺而不得不調整前幾年

的利潤，造成股價在 2015 年下半年和 2016 年上半年下跌了65%。

擁有 200 年歷史的英國瓷器和雕像製造商皇家道爾頓，早在 2004 年被發現問題而崩盤之前，其資產負債表上的庫存價值就等同於 8 個月的銷售額。新的管理層不得不進行必要的會計調整，但坦白說，只要粗略地瀏覽公司之前的年報，任何人都會意識到其庫存估值的程度是無法維持的，價值減記和進一步的損失也是無法避免的。皇家道爾頓最後被英國國寶級品牌瑋緻活（Waterford Wedgwood）接管，這時皇家道爾頓和 2004 年曾有的身價相比只剩下一點價值，然後在2009 年瑋緻活也破產了，看來似乎很少人會為了豪華的晚宴購買精美的骨瓷器。但是，從這兩家英國知名製造業品牌過去的資產負債表上，我們難道不能從大量的庫存中看到端倪嗎？

這套做法似乎毫不影響 Aero Inventory 順利飛行。Aero Inventory 是一家商用飛機零件供應商。2009 年，在其股票被停牌的那一年，該公司因為獲得加拿大航空公司的大型零件訂單，於是得以用 250 便士的價格籌集了新的股權。Aero Inventory 甚至已經計劃要從另類投資市場轉移到倫敦證券交易所的主要市場，進行完整上市。然後災難來襲，其上市前

的盡職調查[1]顯示庫存被大幅地高估了，情況甚至糟糕到銀行家們撤回了他們的支持。你知道的，庫存很重要。

但就如同高估一樣，庫存也可能被低估，如果庫存估值過低，也就是低於成本或可變現淨值，會發生什麼事？答案是，在記入存貨的會計期間，存貨所減記的金額將會以損失記錄在損益表上。但在隨後的會計期間，如果庫存的銷售價格超過其減記價值，則會以利潤記入。

庫存價值和利潤之間的關係，在下一頁的表格中有清楚的說明。從表中可以看到，其他所有項目皆維持原狀，只要改變第一年期末存貨的價值，就可以將利潤從某一會計期間轉移到另一期間。請記住，第一年的期末存貨會是第二年的期初存貨。在第一年被低估的庫存價值，在第二年會有益於利潤。在第一年被高估的庫存價值，意味著在第二年會不利於利潤。再說一次，庫存估值很重要。英國體育用品零售龍頭運動導向集團在 2007 年首次公開募股的前一年，對庫存進行了例外的向下調降，這在當時值得調查。

---

1 簽訂合約（例如一間公司收購另一間公司的合約）或進行交易之前需要完成的工作。這項工作的目的是提供足夠的資訊，以便一間公司或投資人就所收購或投資事業的品質與實際價值，做出明智的決定。

提報的利潤如何被庫存估值影響（單位：英鎊）

會計年度 1	估值低估 期末存貨		正確估值 期末存貨		估值高估 期末存貨	
銷售		100		100		100
期初存貨	20		20		20	
進貨	<u>60</u>		<u>60</u>		<u>60</u>	
	80		80		80	
期末存貨	(10)		(20)		(30)	
銷售成本		<u>(70)</u>		<u>(60)</u>		<u>(50)</u>
毛利		**30**		**40**		**50**

會計年度 2	估值低估 期初存貨		正確估值 期初存貨		估值高估 期初存貨	
銷售		100		100		100
期初存貨	10		20		30	
進貨	<u>60</u>		<u>60</u>		<u>60</u>	
	70		80		90	
期末存貨	(20)		(20)		(20)	
銷售成本		<u>(50)</u>		<u>(60)</u>		<u>(70)</u>
毛利		**50**		40		**30**
第 1 年和第 2 年的總毛利		80		80		80

第 1 年低估的期末庫存，
代表著第 2 年的利潤增加

第 1 年高估的期末庫存，
代表著第 2 年的利潤減少

運動導向集團

全方位評估再下判斷

邁克‧艾胥利（Mike Ashley）在受傷前曾是一名非常厲害的壁球運動員。1982 年，他在英國伯克郡的梅登黑德區開了他的第一家體育用品店。他的生意迅速擴張，但直到 1999 年他將公司轉為股份有限公司前，他一直是唯一的業務員。八年後的 2007 年，也就是運動導向以首次公開募股在倫敦證券交易所籌資上市後，邁克‧艾胥利出售了運動導向集團的少數股權，籌資了 9.29 億英鎊。這讓他有了足夠的錢，他花了大約 1.35 億英鎊購買紐卡索聯隊（Newcastle United Football Club），還剩下很多錢可以花。

運動導向集團是眾多英國品牌，如袋鼠帽品牌坎戈爾袋鼠（Kangol）、運動品牌登祿普（Dunlop）、戶外登山品牌 Karrimor、百年網球品牌 Donnay 和英國皇室貴族運動品牌史萊辛格（Slazenger）的品牌擁有者。但很快地，運動導向集團的投資人就後悔在該公司首次公開募股時購買股票。該公司股票在倫敦證券交易所上市僅六個多月之後即警示它在接下來幾年將無法達到熱心的倫敦金融城分析師預期該有的利

潤。

　　如果那些分析師分析了英國隊獲得 2008 年歐洲足球錦標賽（UEFA European Championship）參賽資格的機率，他們也許對運動導向就不會那麼樂觀了。

　　當英國最好的球員有好的比賽表現時，有著三頭獅子的白色足球衣就會賣得更好，如果英國獲得參賽資格，那麼足球衣的銷售將幫助運動導向集團更接近預期利潤。

　　但他們真的應該花更多時間分析運動導向集團首次公開募股的招股說明書，因為其中包含了一些值得參考的數據，指出要達到未來盈利的預測可能很困難。在投資人看來，在首次公開募股之後很快就未能達到短期的利潤預期，是不可原諒的。直到五年之後，該集團的股價最終達到了 300 便士，而這卻是邁克・艾胥利在首次公開募股時，最初將股票賣給新投資人的價格。

　　邁克・艾胥利是一個有爭議且非傳統的人物，但還是有他的崇拜者；而且雖然投資運動導向集團可能就像在搭乘雲霄飛車，但沒有人可以否認，該公司的確已經動搖了英國的體育零售產業。

　　現在，運動導向集團是領先業界的體育用品零售商，在英國擁有 470 家分店，在歐洲擁有 260 家分店，幾乎是獨

自將運動服飾帶入大眾市場。現在，除了在當地的健身房和休閒娛樂場所，也可以在酒吧和俱樂部看到人們穿著運動服飾。運動導向集團的股價目前可能高於 300 便士的原始首次公開募股價格，但它並不像倫敦證券交易所其他上市公司那樣，有著「諸事大吉」的良好開端。

從期望到失望

沒有什麼比閱讀首次公開募股的招股說明書，更能讓公司跳腳。投資人很少可以再次擁有如此詳細的資料，因此在決定投資之前，應該從招股說明書中盡可能地收集資訊。當然，在 2007 年時，上市公司往往匆忙地上市（現在仍是如此），在首次公開募股承銷團主要經紀人要求潛在投資人給出是否要購入股票的答案前，投資人幾乎沒有時間閱讀完整的招股說明書。但是在首次公開募股之後，股價或許是應證了招股說明書中一直存在著的資訊，那樣地令人失望，投資人實際上也就沒有任何藉口了。

對運動導向集團而言，其上市籌資之年是豐收年，但沒過多久，管理團隊就開始努力抑制分析師對未來的熱情和預測，試圖滅火。他們在首次公開募股後僅僅約六個月，2007

年 9 月的年度股東大會的報告中便揭示了「2008 年的成長應該會有限」。2007 年 11 月的交易報告聲稱，「本財政年度的稅息折舊及攤銷前利潤（EBITDA，也就是扣除利息、稅項、折舊和攤銷前的利潤）可能低於去年的利潤水準」。當運動導向集團提報 2008 年的基本利潤為 8,500 萬英鎊時，那些投資首次公開募股的投資人並不滿意，因為這和剛籌資上市後提報的 1.74 億英鎊基本利潤相比下降了 51%。

　　在這些令人失望的公告之後，運動導向集團的股價繼續下挫，儘管該公司持續購回在市場上的股票，試圖阻止股價下滑，但這些都是徒勞無功，股價仍下跌了約 90%。在那段期間的股價暴跌，可能不像在阿卡波可的高崖跳水那麼戲劇化，更像是花式跳水。在其最低點，股價低至 32 便士。從那時起，運動導向集團的股東經歷了一番周折動盪，因為在邁克・艾胥利堅定但無法預測的控管之下，市場對於運動導向集團的財產和策略轉變，以及一些無利可圖的投資，仍然有所反應。儘管如此，運動導向集團已經成為了其領域的品類殺手 2，連耐吉（Nike）和愛迪達（Adidas）等大品牌都無法忽視。

---

2 專門供應特定種類商品的零售商，由於所專營之商品種類齊全、價格也比較低，經常導致一般商家無力競爭而倒閉。

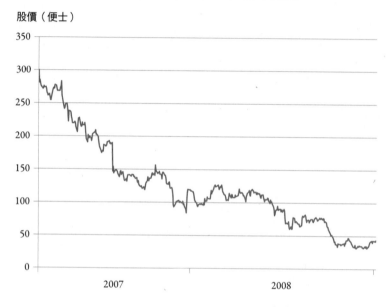

股價在發行上市後如花式跳水般直落

股價（便士）

資料來源：Datastream

全面盤點

　　任何剛獲得會計師資格的會計師新鮮人都會告訴你，在會計期末和會計期初的庫存估值非常重要，特別是對零售商而言。這是因為，如果你想在會計期間讓利潤最大化，那麼最好高估期末庫存，或者相反的，低估期初庫存。每一年的期末庫存會是隔年的期初庫存，你不能想要擁有蛋糕，又吃

掉它。但毫無疑問的是，庫存的估值與在哪個會計期間提報，對於利潤多寡具有很大的影響力。

　　請看一下「附註 17─庫存」，這是從 2007 年運動導向集團招股說明書中擷取的資料（如圖），就算只限定某段時間，這也是所有潛在投資人可以取得的公開資料。

附註 17─庫存（單位：千英鎊）

	52 週 至 2004 年 4 月 25 日	52 週 至 2005 年 4 月 24 日	53 週 至 2006 年 4 月 30 日	26 週 至 2006 年 10 月 29 日
原料	8,871	3,821	2,024	3,399
在製品	4,624	3,544	794	1,252
轉售貨品	113,279	152,651	215,990	205,318
	126,774	160,016	218,808	209,969

以下庫存減記已認列為銷售成本

	52 週 至 2004 年 4 月 25 日	52 週 至 2005 年 4 月 24 日	53 週 至 2006 年 4 月 30 日	26 週 至 2006 年 10 月 29 日
庫存減記費用	2,101	5,904	**20,225**	5,340

資料來源：2007 年運動導向招股說明書

首次公開募股的前一年
有異常大量的庫存減記

　　也許一些裝滿體育用品的鉸接式大貨車失蹤了，或者可能是運動導向集團在德比郡史艾亞布魯克區的倉庫工人造成了「庫存損耗」，讓該公司需要 2,000 萬英鎊的庫存減記費用，但這項減記和前幾年的小幅調整相比，金額的規模大到很不尋常。運動導向集團到底為什麼要在上市之前，對耐吉和愛迪達運動鞋，以及其他體育用品的估值大幅度的下修呢？

　　此修訂或許有一個完全合理的解釋，但並沒有在招股說明書中提出。由於這項調整，可以說運動導向集團邁入上市那年時——截至 2007 年 4 月止的會計年度期間擁有 2,000 萬英鎊的庫存，而其價值為零。大略看一下運動導向集團當時的損益表，可以看到體育用品像是運動鞋跟足球衣的標價提高了 70%。2,000 萬英鎊的庫存標價提高 70%，讓 3,400 萬英鎊的銷售額可能沒有直接的成本。如果沒有上一年的這筆庫存減記，那麼運動導向集團在上市那年可能不會有提報的額外 3,400 萬英鎊利潤。當然，這並沒有針對 2007 年報告中提報的 1.74 億英鎊基本利潤，和 2008 年報告中令人失望的 8,500 萬英鎊利潤，這兩者之間的落差提出解釋。然而，對於任何注意到異常大規模的庫存減記的人來說，光憑這一點就應該澆熄他們在首次公開募股時對該公司的熱情，並且去

調查原因。

學到的教訓

　　在一家公司首次公開募股之前，總是該檢視其資產負債表。請記住，銀行和顧問往往試圖最大化公司的估值，因為他們的收費可能取決於此，這通常代表著最大化短期的利潤，卻可能以犧牲未來的利潤作為代價。也就是說在上市前，任何資產估值的異常調降，包括庫存、應收帳款和固定資產等項目，都可能有助於提升下一期的利潤，但也可能讓公司難以實現未來的目標。

| 第三章 | 承諾與預估 |

應計項目的難題

　　想要看出某一家公司的股價可能會大幅下跌，其中一個可能的警告訊號，就是其資產負債表中包含了大量應計收入（預期收入的預估值）。通常透過簡單的分析就可以看到，那些累積大量應計收入的公司，都需要等待很長的時間才能收到他們的錢，而這意味著現金流可能很差，現金流很差正是公司破產的首要原因。只要問 S&G 律師事務所、惠普和兩家英國軟體公司 iSOFT 和雪松集團的投資人就知道了，這些投資人在他們的股價下跌時受到重挫。過去英國的會計法規允許公司在軟體交付給客戶時才確認收入，因此還有其他案例，其中許多是在 IT 產業。美國通用會計準則（US Generally Accepted Accounting Principles，簡稱 US GAAP）也曾經允許這樣做。顯然，在某些情況下，與客戶的關係始於軟體產品的交付。但通常除此之外，還有很多工作要做，軟體需要執行和測試，而且這個過程有時需要花上好幾年。因此，有些人認為軟體銷售應該是在執行期間被認定，一般來

說這也是國際財務報告準則所指示的做法。當確認的收入發生變化時，就會拖垮某些公司的利潤，並使其面臨違反銀行契約的風險。

國際會計準則第 1 號（IAS 1）規範了如何編制財務報表，其中所包含的關鍵會計概念之一，是公司應使用應計會計的方法編制財務報表。交易不是以收到現金或支付現金而認列，而是以相關期間內賺取的收入或產生的費用記入財務報表。此外，在計算利潤時，所賺取的收入必須與帶來這些收入所產生的費用相對。應計概念的應用，應該會讓收入和支出、資產和負債，與利潤的提報都是準確的，也讓財務報表的使用者能夠分析一家公司的表現和財務狀況。

然而，以應計概念作為會計基礎的問題就在於把大量的數字都交給管理者判斷，這可能使審計師在判定應計項目是否合理時會有困難。現金會計，也就是交易時收到或支付現金的會計相對簡單，相比之下，應計會計更複雜，也更容易被濫用。它可以使銷售和收入被誇大、成本被低估，並提供一種簡單的方法來提升或降低盈利。請記住，公司資產負債表中的應計收入是未開發票的收入，因此只是公司所認定的欠款預估。

S&G 律師事務所在 2015 年收購英國 Quindell 公司的人

身傷害業務時，想必對這筆交易是相當滿意的，儘管在 2013 年 Quindell 年報中列了 1.52 億英鎊的大量應計收入餘額（而且與 S&G 收購的人身傷害業務有關）。這筆金額相當於 Quindell 當年銷售額的 40％。

在 2000 年時，認購企業軟體公司雪松集團失敗配股的認購者，似乎很滿意當年雪松集團鉅額的應計收入，而這些大部分來自該公司的軟體銷售。

在 2004 年，iSOFT 的投資人大概很高興該公司有三分之一的銷售額都沒有開具發票，都是列為應計。請記住，軟體的銷售成本非常低，因此絕大部分這些應計都被記錄為純利潤。在 iSOFT 當年報告的 1,700 萬英鎊稅前利潤的背景下，5,000 萬英鎊的應計收入是一筆巨大的金額，如果沒有這些應計收入，就會有損失被提報。

惠普的一些股東對於收購劍橋的 Autonomy 並不高興，但無論如何這筆交易還是生效了。Autonomy 只是惠普眾多非常糟糕的收購項目之一。Autonomy 在 2010 的年報存在著危險訊號的紅旗，惠普照理來說應該要做過徹底的審核調查，奇怪的是，我們不能說這包括應計收入，因為 Autonomy 在 2004 年即停止披露應計收入的餘額。但在當時，許多軟體公司都將應計收入列入銷售中，我們只能假設應計收入隱藏在

「貿易或其他應收帳款」中。無論如何，Autonomy 平均要等三個月才能收到款預項，光憑這點就已具有充分理由提出有關收入確認的問題，特別是在應計收入未披露的情況下。

能源經紀商 Utilitywise 在為供應商安排合約時，對從供應商獲得的佣金有非常樂觀的預估，卻也因此受到衝擊。顯示股價會受挫的跡象通常就在那裡。在 2015 年時，Utilitywise 用於計算預期佣金現值的折現率突然從 9％降至 3％，此調降程度是很不合理的，而且不久之前 Utilitywise 才重申其對未來的預測。

投資人應該留意班傑明‧富蘭克林在 1839 年所提出的觀察：「人類大部分的痛苦來自他們對事物的價值做出的錯誤預估。」

惠普和Autonomy

買家請小心！

驚人的250億美元！這是惠普在2010年任命李艾科（Léo Apotheker）擔任執行長，到其繼任者梅格‧惠特曼（Meg Whitman）上任前，這段期間股東的損失。一年後他們為英

國最大的軟體公司支付了 88 億美元。這是一筆不合理的鉅額，而這家軟體公司就是 Autonomy。對許多人來說，問題不在於惠普是否會承認犯下大錯，而是惠普何時才會承認錯誤。只能說，惠普深諳破壞價值的收購，但令人驚訝的是它竟然可以讓 Autonomy 的收購很快就錯得離譜。請注意，惠普在 2002 年購買硬體生產商康柏電腦（Compaq）的交易，並不是讓人滿意的結果，在 2008 年收購美國電子數據系統公司（Electronic Data Systems，簡稱 EDS）也不是。這真的很奇怪，因為一般人都認為這些公司只有在經過適當和廣泛的盡職調查後才會被收購，特別是被一家在當時，其董事會充滿了美國企業的偉大和美好氛圍的公司給收購。後來大家才發現惠普的董事會因為競爭、爭吵和洩密給媒體而分裂，並不是一個足以制定正確戰略，並為公司做出正確收購決策的董事會。

雖然以替股東增值而言，惠普收購康柏電腦、EDS 和 Palm 是一連串混雜的決定，但是這些都不如收購 Autonomy 與李艾科擔任執行長對股價的破壞性影響。李艾科是誰？當他被任命領導惠普時，許多人從未聽說過他的大名，有些人則是很難正確地唸出他的名字。惠普的這位新任執行長是德國商人，他精通五種語言，但缺乏惠普主要業務，也就是電

腦硬體和印表機的相關經驗。

新的管理團隊和收購 Autonomy 重挫惠普股價

股價（美元）

資料來源：Datastream

　　惠普在當時陷入了困境。惠普從 1938 年始於美國加州帕羅奧圖市的一個小車庫，曾經發展成全球最大的個人電腦製造商。但惠普沒有足夠的電腦玩家為它工作。在前執行長路·普拉特（Lew Platt）的領導下，它錯過了網路商機，而在卡莉·費奧莉娜（Carly Fiorina）的領導下，它進行了太

多令人失望的收購。費奧莉娜的繼任者馬克・赫德（Mark Hurd）因為削減成本或多或少挽救了公司，而獲得了一些讚賞，但在費用調查後，他也不得不在 2010 年倉促退出。繼他之後，李艾科的職責是聚焦在軟體、雲端和手機等新興市場的發展，以改善惠普的營運表現。過去的收購及其戰略未能給惠普重新定位，並改善其股票的表現。在此之前，李艾科因為一直在經營一家名為 SAP 的德國軟體公司，而被選為改變惠普命運的領導者。他當然改變了惠普的命運！但他擔任惠普的掌舵者連一年都不到，甚至在他主導的與 Autonomy 的交易完成之前，就非自願地離開了。他失去了董事會和惠普其他主要高階主管的信賴，而在他短暫的任期內，股價下跌了一半。他離開之後事情還是繼續發展，股東價值也因為他在任時決定要購買 Autonomy 的決策而遭受持續性地破壞。

Autonomy，另一項破壞價值的收購

在 2011 年 8 月，惠普宣布正在討論收購 Autonomy 一案，對許多惠普的支持者來說，這是一項很有爭議性的決定。惠普最終支付了每股 25.50 英鎊的現金，和競標前的股價相比溢價 70％，總計 110 億美元。此交易金額等同 50 倍

的歷史收益，或將近 13 倍的歷史銷售額。換句話說，收購 Autonomy 是一筆非常昂貴的交易。儘管惠普的財務長雷斯傑克（Cathy Lesjak）反對收購 Autonomy，此案還是繼續進行。與此同時，惠普宣布調降其當年的盈利預測，以及退出平板電腦和手機市場，並將其大型個人電腦業務分拆為若干子公司。看起來，當時在惠普有很多事情正要發生。在公告這些事項的那天，股票隨即重創了 10％。

一個月之後，2011 年 9 月，李艾科被解僱。繼任者梅格·惠特曼接手了多年以來失敗收購策略的結果，她在過往有著削減估值的經驗，也很快就重新評估了之前的收購案。梅格·惠特曼於惠普上任後的一年內，對資產負債表的估值大刀一畫。她先是調降了 EDS 和康柏電腦收購案的估值，接著又大幅地砍了 Autonomy 的估值。惠普為 Autonomy 支付了高達 110 億美元的價格，但此時卻說此收購僅價值 22 億美元，比收購的價格遠低了 88 億美元。其中減少的約 57 億美元，與被發現的可疑會計違規行為相關，這意味著未來的收入成長速度，將比原先預期的要慢得多。另外價值減少的 31 億美元，是肇因於 Autonomy 資產負債表中重新調降的無形資產估值。

市場上許多人預期會發生的事情正在變成現實。將

Autonomy 納入集團才一年的時間，惠普就不得不承認公司為此付出了太多。但惠普在購買 Autonomy 之前，應該要對這家公司有完整的了解才對。很少有英國投資人會考慮這家公司，它的帳目看起來也很奇怪，只能說，有點像雪松集團和 iSOFT（見第 66 和 73 頁），更確切地說，這兩家公司的股價都因為會計違規而崩盤了。惠普的盡職調查到底做到了什麼程度？「只做表面」很可能是這個問題的正確答案。

惠普的主要收購與損失（2002 ～ 2012 年，單位：十億美元）

目標	花費	損失
Autonomy	11.0	8.8
EDS	14.0	8.0
Compaq	24.0	1.2
Palm	1.2	0.9

資料來源：《金融時報》惠普研究資料

　　英國和美國的監管機構因此都變得很忙。在 2013 年，英國財務匯報局宣布將調查 Autonomy 的帳目與德勤會計師事務所的審計師所進行的審計工作。五年後，英國財務匯報局的調查結果認為，德勤的作為需被正式控告，英國財務匯報局並相信這和德勤兩位負責審計的合夥人以及 Autonomy 的兩位財務人員有關。英國財務匯報局提出的正式控訴，

和 Autonomy 在 2009 年 1 月 1 日至 2011 年 6 月 30 日期間的財務報告有關，並質疑各方的行為遠遠低於合理行為該有的標準。美國的法律訴訟程序則早於英國財務匯報局的調查，Autonomy 的財務總監被定罪詐欺，對此他提出了上訴。美國證券交易委員會（Securities and Exchange Commission，簡稱 SEC）和探員身著黑色西裝聞名的聯邦調查局（Federal Bureau of Investigation，簡稱 FBI），調查的速度似乎比英國財務匯報局快很多。

細節的小紅旗

在 Autonomy 的 2010 年報中，很難精準點出某個應該讓惠普斬斷收購該公司念頭，或者至少驅動惠普要進行徹底盡職調查的大紅旗。然而，年報中其實有許多小紅旗都在述說著風險，舉例來說：

- 資產負債表上有 14 億美元的商譽難以證明，因為該公司只有一個現金產生單位（cash-generating unit，簡稱 CGU），也就是 Autonomy 本身。Autonomy 所有的收購都迅速併入組織中，因此從收購中獲得的現金產生單位無法被辨別。

- 到截至 2010 年的兩年中，有 6,300 萬美元的內部成本，被資本化而成為內部產生的資產，也就是將研發資本化。作法沒有任何問題，但金額值得調查。

- 專利、授權和商標、研發、購入技術，以及客戶關係和價值 4 億美元的商標名稱均於 2010 年底的資產負債表中列為資產，並在 1 至 10 年內折舊。10 年在 IT 產業是一段很長的時間。

- 在 2009 年時 Autonomy 為了收購另一家軟體公司 Interwoven，撥了 1,140 萬美元的高額準備金。準備金的作法可以讓正常的營運成本不會顯露在損益表上，所以這也值得調查。

- 在 2010 年，Autonomy 平均需要三到四個月的時間才能從客戶那邊收到現金。這當然可能是由於付款單位的動作太慢，通常這種狀況會發生在政府或公共部門上。無論如何，這是一段很長的時間，並引發了對收入確認的質疑。這點一直是和軟體公司往來時應該要檢查的事情。

- 在 2009 年至 2010 年期間，有形、固定資產的折舊（損益表成本）下降，但固定資產成本在此期間卻是增加的。這很奇怪，我們普遍會認為，折舊的增加大致會

與固定資產的成本一致。

● 遞延收入是未來收入的儲備。一般來說，它應該隨著銷售而逐漸增加。然而，當 Autonomy 在 2010 年的銷售額成長了 18％時，遞延收入卻幾乎持平，這需要有所解釋。

● 在 2010 年，Autonomy 購買了自家產品的主要經銷商 Microlink LLC，這家公司的業務來源主要是美國的州和聯邦政府單位。Autonomy 為該公司以及 CA 科技（Computer Associates Inc.）的資訊管理業務付了 7,600 萬美元。這些企業沒有淨資產，也沒有實質性的盈利。當一家公司購買自家產品的經銷商時，總是值得進一步調查。

學到的教訓

在 2010 年 Autonomy 的年報中，有很多線索足以認真調查。各別來看，每個問題都值得探討，但在與公司管理團隊討論之後，可能會以是產業本身的特性所致而被打發。但是，就像我們難以從一小塊拼圖辨別出整幅畫，只有當這些拼圖被仔細地排放在一起時，完整的畫面才會出現一樣，當

我們把 Autonomy 的許多塊會計拼圖拼在一起時，就會發現
Autonomy 的全貌：一面大大的紅旗。

雪松集團

小心！樹倒了！

在 2002 年，雪松集團針對僅 8,600 萬英鎊的銷售額，
提報了 1.81 億英鎊的虧損。這需要有一些作為。在此之前有
一段不太長的時間，雪松集團曾經是每個人最喜歡的軟體公
司。當然，特別是在英國薩里郡的科巴姆，這裡是切爾西足
球員、股票經紀人和雪松集團的家鄉。

如果科巴姆的民眾在 1999 年初買了一些雪松集團股票，
並在 2000 年初這些股票處於巔峰時賣掉它們，那麼就賺了
他們投資的 17 倍。提醒你，所有購買任何早期的 IT 公司，
尤其是那些銷售軟體的公司股票的投資人，都在 1999 年和
2000 年初科技泡沫膨脹時獲得了鉅額利潤。然而，許多這些
公司的問題都跟雪松一樣，過度誇張了利潤。當科技泡沫破
滅，一些軟體公司被迫在收入確認上採用更為保守的會計政
策，這導致了科技股在短期內的任何帳面收益都大幅消失。

樹倒了！

股價（便士）

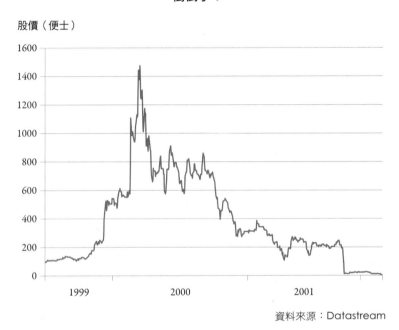

資料來源：Datastream

　　雪松銷售客戶關係管理的軟體系統和服務，使公司能夠追蹤客戶的活動。雪松以收購為導向，常常透過發售股票來籌集資金，以購買在英國和北美類似的軟體公司。雪松的最後一筆融資交易是 2000 年的一筆新股認購權發行，由於投資人最終開始擔心起該公司的帳務，新的股票只能留給承銷商處理。這種失敗的新股發行會發生在當股價低於新股發行價的時候，而這在當時的投資圈幾乎聞所未聞。

雪松顯然在某段時間有其支持者，並且在跌到只剩下
3 便士之前，曾經達到了令人興奮的 1,474 便士高峰。雪
松後來被一家由經驗豐富的風險投資家喬恩・摩爾頓（Jon
Moulton）所領導的風險投資公司 Alchemy 接管。

怨聲載道、股價大幅下跌

讓收入在收到現金之前就被充分確認的激進會計作法，
對雪松以收購為目的，並以發行新股籌集資金的情況，是沒
有助益的。股價隨後暴跌。雪松採用了比大多數公司更激進
的會計方法，但它並不是唯一一家誇大利潤的公司。許多英
國領先的軟體公司也都用了這套會計作法，結果是出現了一
些引人注目的大失敗：AIT、Anite、Recognition Systems 和
iSOFT 全都跌到地上。在這個科技股急速發展的時刻，許多
公司原本都有望將自己塑造為英國的甲骨文（Oracle）和微
軟（Microsoft）的。

雪松在這些公司之中很特別，因為它很快就出現了重大
錯誤。新股認購失敗是因為雪松的管理團隊最終失去了投資
人的信任。如果沒有銀行和投資人迄今為止所樂於提供的資
金，其債務就會增加。一年後，在同時採用更為謹慎的會計

政策，以及市場放緩的影響之下，雪松報告稱截至 2002 年 3 月的虧損為 1.81 億英鎊，而分析師原先預測的利潤為 2,400 萬英鎊。

2000 年最高交易價格接近 1,500 便士的股票，最後在 2002 年初 Alchemy 買入機構投資人持有的股票時，交易價格僅剩 5 便士。成千上萬的小投資人，認為 Alchemy 提供的每股 5 便士價格是微不足道的，但是他們最後不得不接受到了 2003 年，股價只剩下每股 3 便士。這對少數股東來說是一個真切的教訓，其中某些人很可能是科巴姆的居民。

在 2000 年雪松集團年報中，有許多跡象洩漏公司的狀況不佳。例如，雪松收購性非常強（它甚至收購了自己的美國經銷商，這很可能是為了避免鉅額壞帳）；該公司不斷用發售股票和股票認購權來籌集資金；公司沒有考慮支付額外的國家保險卻支付獎金；而且，沒有產生現金流。

用激進的會計作法進行收入確認

雪松最引人注目的是其收入確認的政策，以及這套會計作法如何在 2000 年年報的「附註 14—應收帳款」（請見下一頁）中展現出來。

附註 14—應收帳款（摘錄，單位：千英鎊）

	2000	1999
一年內到期的金額：		
應收帳款	**9,531**	**7,259**
應計收入	**18,505**	**9,177**
預付款項	1,635	469
附屬公司到期款項	–	–
預付公司稅可回收金額	–	252
其他應收帳款	434	68
限制性現金	57	2,583
	30,162	19,808
一年後到期的金額：		
預付公司稅可回收金額	–	67
員工國家保險自負額可回收金額	2,642	–
	2,642	67

資料來源：2000 年雪松集團年報

	2000	1999
應收帳款	9,531	7,259
應計收入	18,505	9,177
	28,036	16,436
年銷售額	36,314	23,046
債務人的周轉期	281 天	260 天

　　這告訴我們，該公司可能在交付和安裝其產品之前，就先將銷售列入帳冊，當然，這也早於雪松收到任何現金之前。從「附註 14—應收帳款」中可以清楚地看出，在 2000 年時雪松平均需要 281 天或超過 9 個月的時間，來收取客戶所欠的

現金。

如果 281 天是平均現金回收期，那麼一定有某些客戶需要更長的時間才會付款。這是完全不利於維持公司營運的情況，銀行和股東不太可能長期支持雪松增加貸款和股權融資。

除非公司擁有鉅額的利潤收入，並且有能力為自己的成長提供所需資金，否則很少有公司可以在這麼長的現金收款期內，維持一段時間的營運，特別是在快速成長的市場中。

這就足以成為一個嚇跑投資人的警告訊號，很可能在 2000 年天數已盡的認購權發行時推開了許多投資人。

在年底前瘋狂增加銷售額

公司在年底前瘋狂爭取銷售額是很常見的事情。但對於像雪松這樣的軟體公司來說，還有更瘋狂的行為，因為管理團隊需要滿足市場的期待，而 IT 銷售人員需要達到目標才能獲得獎金。

請記得，軟體授權的銷售幾乎沒有銷售成本，因此可以說是純利潤收入，難怪雪松承受龐大的壓力，要在年底前要將軟體出售並交貨。下面的分析顯示，雪松在 2000 年整年

的應計收入幾乎都與軟體授權的銷售有關，顯示雪松在年底
瘋狂的衝刺以完成交易。

大量應計收入

	2000	1999
軟體授權銷售（單位：百萬英鎊）	18.10	9.90
應計收入（單位：百萬英鎊）	18.51	9.18
應計收入／授權銷售（單位：%）	102	93

資料來源：2000 年雪松集團年報

年底前的瘋狂軟體授權銷售

學到的教訓

　　如果一家公司要等待很長的時間才能收到錢，這可能意
味著它的客戶不認為欠這家公司錢，或是還沒有欠錢。在這
種情況下，公司遲早會遇到麻煩，而這正是雪松的真實狀況。
2000 年雪松的年報特別不尋常，顯示應計收入（列在損益表
中，但尚未開立發票之收入）明顯高於應收帳款（已開立發
票，但截至年底尚未償付的收入），事實上，應計收入幾乎
是應收帳款的兩倍。大量的應計收入，尤其是軟體公司的，
很值得深入研究。

iSOFT

硬生生的下跌

對許多人來說，iSOFT 的管理團隊為什麼拖了那麼久的時間才全盤托出利潤數字，是一個謎。在 2000 年和 2001 年科技熱潮結束時，許多公司例如雪松（參閱第 66 頁），承認他們在確認銷售軟體的利潤上，使用了激進的會計作法。但是，iSOFT 一直等到 2006 年才坦承此事，當時股價因此暴跌，損失了 90 ％的價值。對於當時許多研究 iSOFT 帳目資料的人來說，iSOFT 的股票崩盤似乎只是時間問題，但長年以來，審計師簽核了大量軟體銷售所產生的應計收入，同時讓利潤和股價持續膨脹。

主導 iSOFT 的大人物，是身兼英國巴恩斯利足球俱樂部老闆以及會計師的派翠克・克萊恩（Patrick Cryne）。

1998 年，他和三個好友，年輕的提姆・惠斯頓（Tim Whiston）、著名的伯明罕商人羅傑・狄肯斯（Roger Dickens）和 IT 顧問史蒂芬・葛拉漢（Stephen Graham）聯手買下畢馬威會計事務所的醫療保健軟體業務，他們將之稱為 iSOFT。這四個人有幾個共同點：他們都曾經任職於畢馬威會計師事

務所，而且（或）都是會計師。這個一拍即合的管理團隊組合打造了英國領先的 IT 軟體公司，與埃森哲（Accenture）、富士通（Fujitsu）和電腦科學公司（CSC）等大型 IT 公司一起參與英國國民保健署（NHS）電腦系統的升級計畫，並身處該計畫的核心。在 2004 年與其主要競爭對手特瑞仕（Torex）以換股方式合併之後，iSOFT 認為它足以應付英國國民保健署對 IT 系統的需求。英國國民保健署的國家 IT 計畫（National Programme for Information Technology，簡稱 NPfIT）也許是有史以來最大的國民 IT 計畫，目的是將英國所有的患者病例電腦化，並以安全的方式建立包含 3 萬名醫生與 300 家醫院的連結網絡。該計畫已花了英國納稅人至少 100 億英鎊，甚至有可能更多，因此該計畫已被暫停。iSOFT 是這個災難的一部分。

　　iSOFT 在 2005 年達到巔峰時的價值超過 10 億英鎊，曾是股票市場的寵兒，就連英國工業聯合會（Confederation of British Industry，簡稱 CBI）前主席，伯明罕的迪格比·瓊斯（Digby Jones）爵士，也看好 iSOFT 而為其背書並出任非常務董事。但為什麼連歐洲跨國科技顧問服務公司摩士集團（Morse Group）經驗豐富的前財務總監蓋文·詹姆士（Gavin James）也加入了 iSOFT 擔任財務總監？我記得在他到任後

不久，就問過他為什麼接受這項工作，當時，他的表情就像是希望自己有做更多盡職調查的人一樣。其實，只要打幾通電話給對的人，再加上看一下資產負債表應該就夠他了解了。蓋文·詹姆士加入後不久，在 2006 年初，由於英國國民保健署國家 IT 計畫的問題，讓 iSOFT 發出了一系列大幅的盈利警告，導致其股價崩盤。

最後，許多人等待多年的事情發生了：iSOFT 宣布將改變其確認軟體銷售收入的會計政策。真是漫長的等待！資產負債表中有關 2004 年收購特瑞仕的商譽減損、採用更適當的收入確認政策，連同資產負債表上的帳外融資變動以及相關利息，綜合起來導致 iSOFT 在 2006 年提報了驚人的 3.44 億英鎊虧損。在此的前一年，在收入確認不夠保守的情況下，iSOFT 所提列資產負債表的帳外融資和商譽，加起來的利潤為 4,400 萬英鎊。這是很大的轉變，就會計標準的解釋而言，也是非常大的差異，對許多人來說，會計標準彷彿是每個財務總監身邊過於隨性的那位朋友。因此，iSOFT 的股票慘跌並不奇怪。2007 年 10 月，iSOFT 以 1.56 億英鎊的價格被澳洲的 IBA Health 有限公司收購，和 iSOFT 在股票市場高峰時相比，這僅是那時 iSOFT 價值的 15％。在 IT 產業後續的一波收購之後，現在 iSOFT 的所有者，是惠普公司旗下的企業

服務部門 DXC Technology。

股價硬生生的下跌

股價（便士）

資料來源：Datastream

等了真久！

iSOFT 在 2006 年的年中，改變了其收入確認的政策。
這也許是因為經驗豐富的財務總監蓋文・詹姆士到任的關係；
也許是因為 NHS 的 IT 專案導致的嚴重問題；也許只是時間

到了。

在 2006 年之前，iSOFT 是根據美國通用會計準則進行軟體、安裝、服務的銷售確認——特別是美國通用會計準則 SOP97-2「軟體收入確認」，以及幕僚會計公告（Staff Accounting Bulletin，簡稱 SAB）第 101 號。這讓他們能夠將一份合約分拆成好幾個部分：例如，軟體授權銷售、安裝啟用銷售與服務銷售。軟體授權的銷售額在交付時確認；安裝啟用的銷售額在執行期間確認；服務的銷售額在服務合約期內就預期的未來成本進行確認。聽起來很合理，不是嗎？但問題就在於，在收入確認上的彈性太大了。在缺乏標準的情況下，應該要由誰來決定在一份合約的發票上，軟體授權應該占總合約的多少？安裝啟用的執行又該占多少？很顯然地，如果某個人想要最大化利潤，可以將總發票拆分，將其大部分的價值列為軟體授權，並於交付時確認銷售。iSOFT 管理團隊清楚表示這種收入確認政策不再合適，並將舊的作法掃地出門，因為很難將軟體的授權供貨與安裝啟用執行區分開來。

未來，軟體授權的銷售將在執行期間進行確認。這對過去、現在和未來的銷售產生了轉型效應，也讓先前提報的利潤數字變得毫無意義。例如，過去根據美國通用會計準則，

2005 年 2.62 億英鎊的銷售額，其稅前利潤為 4,450 萬英鎊；
但是，現在根據國際財務報告準則，2005 年的稅前利潤僅為
210 萬英鎊，銷售額為 1.86 億英鎊。這是很大的差距，難怪
銀行、監管機構和新的股東都要跳腳了。

收入改以正確方式認列的結果

（單位：百萬英鎊）	2003	2004	2005	2006	2007	2008	2009	2010	2011	加總
舊美國通用會計準則下的銷售額	44	54	76							174
新國際財務報告準則下的銷售額					45	45	28	28	28	174

資料來源：iSOFT 2006 年報

　　除了 iSOFT 在 2006 年做出的大規模收入確認調整（如
上表所示）之外，新的管理營運也讓 6,200 萬英鎊的融資和
迄今為止所隱藏的相關權益，顯現在資產負債表上。針對托
瑞士的收購，他們也調降資產負債表上的高額商譽，將其
從 4.95 億英鎊降值至 1.44 億英鎊。這些都是很大的數字。
所有這些調整幅度都相當大，因此產生了不可避免的後果：
公司的銀行帳戶安排必須以相當大的成本進行調整，不出所
料，董事會經歷了變革；這些騷動使客戶對 iSOFT 的產品趨

於謹慎；德勤會計師事務所發起了對會計違規行為的調查；現在英國金融行為監管局（Financial Conduct Authority，簡稱 FCA）的前身英國金融服務局（Financial Services Authority，簡稱 FSA）也展開了調查。英國金融服務局針對 iSOFT 的四位董事和創辦人進行法律訴訟，控訴他們就公司的財務狀況上誤導了投資人。在 2013 年的一審中，陪審團未能在此複雜的會計案中作出判決。2015 年的二審又因為程序性問題而暫停，金融行為監管局放棄此案件，被告被無罪釋放（他們堅持自己的清白）。至於英國財務匯報局──審計的監管機構則判定該公司的審計單位羅申美英國會計師事務所（RSM Robson Rhodes）不符合合理預期的審計師標準，並命令他們支付一筆可觀的罰款，費用近 100 萬英鎊。此外他們也禁止兩位 iSOFT 的會計師繼續從事會計工作。

股價慘跌無法避免

　　當雪松集團的問題出現之後，也就是在 iSOFT 事件爆發的前幾年，很多人都對擁有大量應計收入的軟體公司轉為持謹慎態度。請記住，應計收入往往是估計值，而對於軟體公司來說，幾乎可以說是純粹的利潤。在改變其收入確認的政

策之前，iSOFT 的帳目中列了許多人認為令人難以置信的應計收入規模，但這些也都是經審計師所簽核過的。

2004 年 iSOFT 的年報就應該因為應計收入的問題被質疑，但在 2005 年的年報中依然可以很明顯地看出有大量應計收入。

附註 16—應收帳款（摘錄，單位：千英鎊）

	集團 2005	公司 2005	集團 2004	公司 2004
應收帳款	57,565	–	42,380	–
集團承諾所欠款項	–	100,001	–	113,980
合約可收回金額	19,495	–	–	–
遞延稅收	2,947	–	9,513	–
其他應收帳款	4,478	457	4,938	463
預付款和應計收入	33,220	172	50,105	145
	117,705	100,630	106,936	114,588

預付款和應計收入包括一年後到期的 **6,887,000** 英鎊（2004 年：**4,215,000 英鎊**）。

資料來源：2005 iSOFT 年報

代表 iSOFT 平均需要等待 153 天才能收到款項。

代表 iSOFT 平均需要等待 225 天才能收到款項。

「附註 16—應收帳款」的摘錄（上圖）告訴我們許多只要具備一點會計知識的人都會擔心的事情：大量的應計收入，

代表 iSOFT 似乎要等很長時間才能收到錢，這對現金流來說並不健康。在 2004 年，iSOFT 的平均等待期是 225 天，這代表著某些客戶可能要花上兩倍的天數才會支付，iSOFT 只能期待在一年多的時間內收到部分應計收入。而在 2005 年，突然出現了另外一筆來自 1,950 萬英鎊的合約中，可收回金額的主觀結餘，但在 2004 年並沒有相對應的數字。

從附註中的帳目可以看到大量的警告訊號，iSOFT 的現金流與提報的收入完全不一致，這很有可能是後者被誇大了。

學到的教訓

這裡的經驗教訓是，你應該要從其他企業類似的經驗中學習。2000 年雪松集團的年報（參閱第 70 頁），中有著超額的大量應計收入金額，而該公司早在六年前試著用發行股票認購權以籌集急需的資金時就破產了。雪松和 iSOFT 都在同一個產業中營運，而且帳目的狀況很類似——應該要有某種既視感才對。iSOFT 在 2004 年的應計收入餘額甚至超過其貿易應收帳款。換句話說，它的收入積欠了更多主觀應計收入，多過於實際開具發票客戶的收入。既然知道軟體的銷

售額幾乎都是純利潤，大家就要非常小心那些將大量收入列為應計的 IT 公司。

Utilitywise

令人震驚！

警告訊號就在那裡，照理說明智和不明智的投資人都看得到，但是不明智的投資人卻總是看不見。Utilitywise 在 2013 年的年報，發布於該公司在倫敦交易所另類投資市場上市後，其中有許多令人振奮的內容。該公司的股票在上市一年後，似乎很少受到關注，其股價已經達到了首次公開募股價值的三倍。當一些人驚訝地發現該公司的收入確認政策，允許列入大量應計收入時，這樣誇大的股價就無法長期維持下去。

Utilitywise 是第三方中介（third party intermediary，簡稱 TPI），有時也被稱為能源經紀人。能源經紀人幫助他們的客戶（主要是公司，不論規模大小）成交最划算的電力需求交易，大部分是天然氣和電力。他們從能源供應商直接支付的佣金中獲利。有人認為能源經紀人是利益衝突的，因為

它們推薦某些能源供應商給公司，多過於其他能源供應商，讓支付給他們最多佣金的那些能源供應商獲利，但沒有任何證據證明 Utilitywise 曾經這樣做。Utilitywise 擁有不同的客戶種類，從單點的客戶到具有大型多點通路的客戶，都在 Utilitywise 的客戶群中。該公司計劃透過提供能源管理產品和服務，像是智能計量、能源審計和其他項目，來管控客戶的能源消耗，從而充分發揮其在能源市場的角色。

　　Utilitywise 認為，分散的英國能源市場已經成熟至整合階段，並且由於能源經紀人的市場滲透率較低，因此可以透過自身的成長和收購來增加其市場份額。從 2009 年到 2014 年，英國能源市場的價格一路走高，人們相信商業客戶會尋求像 Utilitywise 這樣的能源經紀人，來幫助他們減輕不斷增加的能源成本。很棒的戰略想法，但在實踐上又是另一回事，因為 Utilitywise 不論在預估能源供應商的應付佣金水準，還是佣金的收入確認上都採取了激進的會計方式。

　　國際會計準則第 18 號「收入」（以下簡稱 IAS18），也就是 Utilitywise 採用的會計標準讓該公司可以做到這一點，因為此準則允許公司在收到現金之前，將佣金做為應計收入列在收益表中。事實上，只要客戶一簽供貨合約，就可以計入應計收入。

許多衝擊

Utilitywise 在 2012 年首次公開募股後的一年內，股價便堅定地下跌，而隨著應計收入餘額不斷成長，大家也開始感到不可思議。除此之外，還有許多壞消息讓股價持續下跌。讓我列出一些加速下跌的衝擊：

- 由於基礎設施的支出增加，在 2015 年宣布盈利預警。

- 公司聘請了更大量的銷售顧問，來推銷更多能源合約，因此成本高於原先的預期。

- 在 2017 年初，Utilitywise 表示不再從能源供應商那端收取佣金的預付現金，因為有時客戶的能源消耗不如預期。這明顯暗示有負現金流。

- 2017 年末，Utiltywise 宣布其已收到佣金的某些合約，有消費不足的狀況，代表著該公司將不得不償還這些未賺入的佣金給能源供應商。

- 同樣在 2017 年末，Utilitywise 表示將儘早採用 IFRS15「客戶合約之收入」進行來自客戶的收入確認。比以前採用更為保守的收入確認方式，會導致提報的利潤大幅減少。IFRS15 讓未來的收入在收入確認時，可以和實際收到的現金更一致。該公司還宣布，對來自

客戶的預期收入，將改用更保守的估計值進行收入確認，並且不會支付終結股利，因為現在資產負債表不會顯示淨資產，只顯示淨負債。

- 由於應用 IFRS15 的複雜性，以及針對被確認為收入的佣金建立更為保守的制度，Utilitywise 的審計師要求……另一組審計師提供協助！如果投資人尚未對 Utilitywise 失去信心，他們很快就會了。

- 許多位董事在這艱難時期辭職。

- 股票於 2018 年 1 月暫停買賣。

- 公司 2017 年業績的公告，延遲至 2017 年 7 月結束後的八個月才公布。雖然公告始於「營運亮點」，但與報告的 3,100 萬英鎊虧損和資產負債表顯示淨負債 1,600 萬英鎊的慘澹根本毫無關聯。

- 有些人將 Utilitywise 視為收入股，將其與公用事業股票相比，但 Utilitywise 的股息現在肯定是白日夢一場。

2017 年 Utilitywise 的年報，還依據更保守的收入確認重申了 2016 年的業績。這導致包括一些以前大家仰賴的數字有了重大變化，像是最初提報為 8,400 萬英鎊的銷售額，現已重申為 6,800 萬英鎊；最初 1,800 萬英鎊的利潤，現則重

申為 200 萬英鎊；最初資產負債表上提報 5,900 萬英鎊的淨資產，現在只有 1,600 萬英鎊，差別相當大。

警示燈清楚可見

令人震驚的股價下跌

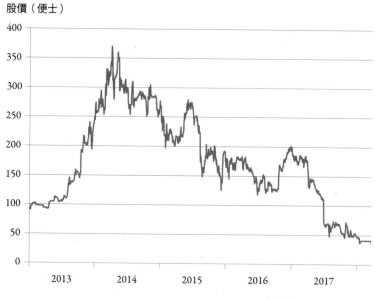

股價（便士）

資料來源：Datastream

在該公司 2013 年的年報以及隨後的報告中，可能存在問題的警告訊號都被點亮了。新的管理團隊在 2018 年初創

下了歷史紀錄，最終在年底後近八個月才提供報告（上市公司通常需在會計年度結束之後的四個月內公布營運成果）。

　　大量的應計收入通常是未來會發生壞事的一個徵兆，但令人驚訝的是，那些應該了解此事的人，卻花了很長的時間才採取糾正措施。新的管理團隊照亮了全面的情況，帳目最終被調整，並採用了更為保守的方法來確認收入金額。

　　相反的分析顯示，在 Utilitywise 成為上市公司後的所有年份中，損益表中提報的銷售額，有一半以上是到當年年底客戶還未支付的（其中有少數是知名的能源供應商）。因此，應計收入金額非常大。在 2016 年，也就是大規模調整帳目的前一年的原始帳目中，應計收入占銷售額的近 50％。而到截至 2016 年的期間，遞延收入占應計收入的百分比則是大幅下降。因此帳目中有很多足以引起人們注意的事情，但早在 2016 年以前股價就已經受到了傷害、大多數投資人都虧損了。

銷售、應收帳款、應計收入和遞延收入分析（單位：百萬英鎊）

	2012	2013	2014	2015	2016
銷售	14.4	25.3	49.0	69.1	84.4
應收帳款	0.8	3.8	4.1	5.9	6.5
應計收入	1.5	11.4	22.2	31.5	40.4
加總	2.3	15.2	26.3	37.4	46.9
遞延收入	1.3	7.2	10.4	7.9	11.5
應收帳款和應計收入占銷售額的百分比	16	60	54	54	56
遞延收入占應計收入的百分比	86	63	47	25	28

資料來源：2012、2013、2014、2015、2016 年 Utilitywise 年報

超過 50%的銷售在
年底還未收到錢

遞延收入占應計收入
的百分比明顯下降

　　另外，在 2013 年 Utilitywise 的年報中也有一個警告訊號，如果投資人了解其重要性的話，就可以少賠幾百萬英鎊。那就是 Utilitywise 的佣金收入計算方式存在微妙但重大的變化。

　　讓我解釋一下。Utilitywise 用能源供應商佣金預期現金流的現值，來確定其應計收入，這些預期現金流和現值，是由 Utilitywise 的資料庫中客戶過去的支付紀錄來判定並進行調整，以配合用戶某些消費不足的狀況，而減少應支付的佣金。但隨後發現這些調整過於樂觀，並且成為 Utilitywise 必須重新調整 2016 年和 2017 年帳目的主要原因。

　　為了計算從能源供應商收到佣金的預期現金流量與現值，必須採用折現率來調整金錢的時間價值。現在手頭上擁有的現金，和舉例來說一年左右才能收到的現金相比，前者價值比較高。這種折現率通常是公司的資本成本，也就是用於資助公司活動的資金成本，通常由債權成本和股權成本組成。2013 年時，Utilitywise 選擇將折現率從 9％降至 3％，原因是新的利率更準確地反映了與藍籌能源公司進行交易的風險，請見下一頁的「附註 1 會計政策─前期調整」。這是非常重大的調整，3％不僅是非常低的折現率，而且此折現率大幅增加了收入的現值，並且因此提高了 Utilitywise 的利潤。Utilitywise 當時漏掉提及的是，雖然當時能源公司被認為是績優股（有些人可能會合理地質疑這一點），他們的客戶顯然不是，但這些能源公司的客戶才是真正消耗能源讓 Utilitywise 得以有佣金收入的單位。

　　有些人可能會說，客戶對能源供給消費不足（預期佣金扣除 15％）在某種程度上可以解釋為什麼會有此一新的低折現率。但是，將之前的折現率在一年內砍了三分之二，是很值得解釋的。Utilitywise 現在消費不足的比率為 25％到 30％，與前幾年的 15％相差很大。

附註 1　會計政策—前期調整（摘錄）

在編制本年度財務報表時，管理團隊已考慮適用於預期未來收益現金流量的折現率。經過適當考慮後，管理團隊現在認為之前使用的折現率 **9%** 是錯誤的，並未適當反映與此收入相關的風險。因此，折現率已修訂為 **3%**，以更準確地反映與藍籌能源公司進行交易的風險。

資料來源：2013 年 Utilitywise 年報

調降適用於未來現金流量的折現率

將用於計算現金流量現值的折現率從 9% 降低到 3%，帶來了非常實質性的影響。一萬英鎊可能是 Utilitywise 從一家公用事業公司收到的單一客戶的基本年度佣金。每年以此金額收入、連續三年（基本能源供應合約期的長度）折扣為 3% 的價值，會比同樣的現金流量以 9% 折扣高出 12%，而增加的部分是純利潤。因此，Utilitywise 就這樣透過降低預期佣金的折現率，讓收入明顯增加，並且在實際收到現金之前，就在損益表上預先認列為收入。

然而，相較於 Utilitywise 為確定其收入與利潤而採用 3% 的新折扣折現率，該公司選擇用 9%、16% 和 18% 的較高折現率，來展現資產負債表上各種收購而來的商譽與其價值的

合理性。這在「附註13—2013年Utilitywise年報之商譽」（此附註表格過大所以未收錄於本書）上有清楚顯示。為什麼明明是相同的現金流，在確認損益表的收入時是一套，確認資產負債表的商譽又是另外一套？

改變折現率對現值和收入的影響（單位：英鎊）

年度單一合約佣金	合約期間	折現率	現值
10,000	3 年	9%	25,000
10,000	3 年	3%	28,000
10,000	5 年	9%	39,000
10,000	5 年	3%	46,000

將折現率從9%降至3%，使3年期合約收入增加12%

將折現率從9%降至3%，使5年期合約收入增加18%

學到的教訓

除了不合理的大量應計收入應該要引起有關收入確認的質疑之外，Utilitywise在2013年戲劇性地大幅調降來自能源供應商應收佣金估值的折現率也是一項警示，顯示其帳目對投資人來說價值有限。警示燈不只在閃爍，還很明亮。

我們還有權利詢問，為什麼用於估算Utilitywise收入的3％折現率，與用於估算商譽餘額的9％、16％和18％的折

現率可以有如此大幅度的差異。畢竟，現金流量是相同的。
這裡也許有些減輕損失的作為，也就是為了消費不足採取的
措施，但這些還不夠。當能源合約的消費不足估計為 15％，
而 Utilitywise 的一些大型合約消費不足高達 50％時，這些措
施肯定沒有減輕問題到足夠的程度。現在，Utilitywise 在前期
就採用 IFRS15「客戶合約之收入」，這將進一步減少大量應
計收入金額，並使利潤與現金更加一致。

　　這是通往正確方向的作法，Utilitywise 的管理團隊開始
了公司名譽的復興。

S&G律師事務所和Quindell

車禍中的事故律師

　　你一定會以為，一家有許多事故律師的公司，能夠在看
到車禍時避開危險，但這家澳洲律師事務所好像並非如此。
S&G 律師事務所專門處理人身傷害案件，是全球第一家在證
券交易所上市的律師事務所，卻在 2015 年股價暴跌，因為
投資人意識到其以收購為主的公司擴張，並未經過充分的盡
職調查，而對於一家滿是律師的公司來說，深入調查應該要

是第二天性才對。

　　S&G 有著輝煌的歷史，該公司曾在前澳洲總理朱莉亞·吉拉德進入政壇、成為澳洲第一位女總理之前雇用她，她所跟進的、備受矚目的案件包括：澳洲西部威特努姆鎮礦坑的石棉肺症主張，以及巴布亞紐幾內亞當地居民對必和必拓（BHP，全球最大的礦業公司之一）的環保主張。該公司還為越戰依良心拒服兵役者、澳洲和紐西蘭的沙利度胺受害者，以及那些控訴乳房假體植入物者發聲。這些都證明了其過去有多輝煌。

　　S&G 於 2007 年以 1 澳元的價格在澳洲證券交易（Australian Stock Exchange）所上市，之後由於英國的合法市場比澳洲規模大四到五倍，該公司開始實施在英國的收購策略。2012 年，S&G 以 5,380 萬英鎊收購了英國法律事務所 Russell Jones & Walker。隨後又因股票在證券交易所上市所獲得的現金，該公司得以在英國進行更多收購。到目前為止，它最大的收購，是在 2015 年以高達 6.37 億英鎊（等同 13 億澳元）的價格，購買了具有爭議的英國上市公司 Quindell 的人身傷害業務，那些為了獲得協助 S&G 收購的特權，而以 6.37 澳元購買股票的不幸股東，他們的投資將不會獲得太多的回報。因為這些收購，S&G 最後在英國的員工數超過了在

澳洲的，又因為其有效的強迫推銷電視廣告，成為了以提供
「不贏就免費」的索賠服務而聞名的公司，而車禍所造成的
頸部扭傷是其專長。順帶一提，該公司的廣告口號是「你的
案子就是我們的事業」。

收購 Quindell 後股價崩盤

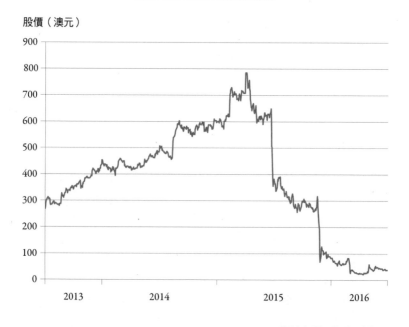

資料來源：Datastream

S&G 在英國過於雄心勃勃的擴張計畫，現在只是一場
泡影，證明了像律師、會計師、建築師和股票經紀人等以人

為主的企業，往往比較適合以合夥方式合作，因為他們的資產每天都在大幅升降，並且可以輕易地退場。S&G 的股票現在幾乎一文不值，而公司債務的所有權人就這樣坐在駕駛座上，看著股價暴跌。S&G 這些在英國的草率收購現在已經從澳洲的營運中被拆分出來，並且是為了擁有該業務債務的避險基金利益而運作的。

從 22 億澳元到什麼都沒有

S&G 的股票在 2015 年 5 月收購 Quindell 的人身傷害業務之後開始下滑，變得毫無價值。在收購之前，S&G 動用了七十名公司的律師審查了 8 千多個案件檔案，他們甚至接受了外部顧問的獨立建議，以確保 Quindell 的人身傷害業務有正確的估值。由於內部和外部的團隊都沒有在盡職調查中發現任何不當的因素，因此收購案繼續進行。但即使他們沒有看過 Quindell 的帳目，他們肯定已經讀過那些報導了才對，或者他們早就該看過 YouTube 上〈Quindell 之正式垮台〉（Quindell － The Official Downfall Movie）的影片，影片中將 Quindell 管理團隊阻止公司股價崩潰的嘗試，比喻為希特勒在碉堡的最後幾天。

收購 Quindell 的人身傷害業務後不久，澳洲證券與投資委員會（Australian Securities and Investments Commission）即對 S&G 的會計程序提出了質疑，而在英國營運的報告中也發現了合併上的錯誤。S&G 在收購 Quindell 業務後不到一年，就意識到自己犯了一個可怕的錯誤，並將其在英國的投資減記超過 4 億英鎊（8.14 億澳元）。人們只能假設讓 S&G 不再對盡職調查信心滿滿的原因是畢馬威會計師事務所在 2015 年 8 月 5 日針對 2014 年 Quindell 年報的審計；英國財務匯報局在同一天宣布將對 Quindell 的會計進行調查；以及英國嚴重欺詐調查署（Serious Fraud Office）也在同一天宣布將對 Quindell 的商業和會計手法啟動犯罪調查。這對 Quindell 與 S&G 來說都是難忘的一天。最後，S&G 提報 2016 年虧損超過 5 億英鎊（10.17 億澳元），主要原因是其從 Quindell 收購的業務價值減記。這麼多的盡職調查卻只換來了這個結果。

S&G 在確認收入的方式上並不保守。它根據澳洲會計準則委員會（Australian Accounting Standards Board，簡稱 AASB）第 118 號，確認在澳洲的「不贏即不需支付費用」的工作其中，收入在「很可能對公司帶來經濟效益時」即可得到確認。S&G 現在決定應用 AASB 第 15 號，代表著收入只有在「很可能不會發生重大的收入逆轉」時，才能進行收入

確認。新的會計政策比以前更保守，並避免過度依賴管理團隊往往過於樂觀的判斷。澳洲所用的會計準則比英國的準則寬鬆許多。這樣看來，就人身傷害索賠而言，從世界的一端到另一端的收入確認政策之間似乎存在著很大的差異，也許這就是為什麼 S&G 的七十名內部律師對 Quindell 做了盡職調查還會通過此收購案。

　　S&G 的董事會發生了變化，但相信任何人對此都不會感到很震驚。7.8 億澳元的債務已重新調整並大幅減少了 3,000 萬澳元，作為交換，澳洲公司將 95％的股權轉移給債務持有人，在英國的業務被分拆。該公司也為股東結算並支付了 3,600 萬澳元，這顯示了 Quindell 收購案的盡職調查是一場災難。S&G 已經以 6 億英鎊的價格向 Quindell（現為 Watchstone Group）提出索賠。對了，S&G 的商譽也損失了 3.5 億澳元，因此在 2017 年，該公司對英國的業務進行了又一波的價值減記。S&G 在 2015 年 5 月為 Quindell 的人身傷害業務支付了 13 億澳元，現在，這筆交易毫無價值。S&G 的股價在 2015 年配售股票籌資，並收購了 Quindell 的人身傷害業務後達到頂峰，當時 S&G 的市值為 22 億澳元，然而到了 2017 年底只剩 1,700 萬澳元。要是盡職調查律師看懂了 2013 年 Quindell 的年報，所有這些損失都可以被避免。

大量應計曲解會計規則

2013 年 Quindell 年報中的「附註 21─貿易及其他應收帳款」（見右頁）告訴了我們，該公司的收入確認非常主觀。在年報中，應計收入占銷售額的比例高達 40％。另外，應計收入的金額也遠遠超過應收帳款的金額。這是一個重要的警告訊號，代表收入確認可能不如應有的那樣保守。請記住，應計收入是未開發票的收入，因此審計人員難以核實。看來 Quindell 似乎要等七到八個月才能收到錢，所以必須調整支出的款項。相比之下，S&G 在 2015 年收購 Quindell 時，平均只需要五到六個月就能收到錢。

光憑兩家從事相同法律工作、同性質很高的公司，卻有這樣的差異，照理來說就應該要有嚴格的盡職調查才對。另一點，在做壞帳準備之前，Quindell 已經先利用應收帳款作為擔保。而附註 21 告訴我們，Quindell 用應收帳款擔保的借款超過了應收帳款的實際價值。誰會在這樣的基礎上借貸？

Quindell 最初提報的 2013 年稅後利潤為 8,300 萬英鎊。任何具有些許會計知識的讀者都可以清楚從 2013 年年報以及上述概略整理的重點中看出問題。在主要針對收入確認等問題進行調整後，該公司在 2015 年 8 月將其 2013 年的業績

重申為虧損 6,800 萬英鎊。實際上，這是很大的落差。S&G
也依據這點向 Watchstone Group 索賠他們認為 Watchstone
Group 欠的 6 億英鎊。

附註 21—貿易及其他應收帳款（單位：千英鎊）

	2013	2012
應收帳款（扣除減損準備）	85,632	73,694
其他應收帳款：		
來自保險公司，與到期的法律支出相關的帳款	57,473	26,549
其他	20,120	7,977
預付款項	12,955	8,426
應計收入	151,693	47,928
衍生金融工具	–	13,297
	327,873	177,871

資料來源：2013 年 Quindell 年報

上述表格中來自第三方的貿易應收帳款總額（即不包括減損準備）為
91,270,000 英鎊（2012 年：70,487,000 英鎊），與已經採取擔保的
債務有關（透過固定和浮動費用），是有關本集團內公司發票貼現措
施的一部分，詳情載於附註 24。董事會認為貿易應收帳款的帳面淨值
與其公允價值相若。

貿易應收帳款透過發票
折現，用於確保借款。

鉅額的應計收入占 Quindell
銷售額的 40%

學到的教訓

要小心大量應計收入！大量應計收入是一個明顯的警告訊號，代表可能存在收入確認的問題。這些在 Quindell 的資料上很清楚，該公司應該接受嚴格的盡職調查，並就相關問題被訊問。在 2013 年 Quindell 年報中，與上一年相比應計收入的數字這麼大，實際上也大於其他在流動資產和流動負債帳目中的所有數字——這樣的數字需要有詳細的解釋。對 S&G 的投資人來說，這是一場打不贏的案子，更是一筆巨大的損失。

第四章

商譽不佳

當商譽變壞

　　商譽在公司的資產負債表中被記錄為一種無形資產；根據國際財務報告準則第 3 號「企業合併」（以下簡稱 IFRS3），商譽是一家公司收購另一家公司所支付的費用與所獲得的資產之間的差異。根據國際會計準則第 36 號「資產減損」（以下簡稱 IAS36），資產負債表上的商譽應該每年進行減損測試，以使其價值有合理的調整。商譽通常會是一筆很大的數字，尤其是一家以收購為導向的公司。IAS36 的主要內容，是商譽在資產負債表中的價值不得高於其若是被使用或是銷售的可收回金額，如果在資產負債表中的帳面價值高於可收回金額，則稱商譽「減損」，該差額必須在損益表中確認為虧損。可收回金額為公允價值減去處分成本，或是其使用價值，兩者中取較高者。如果商譽資產沒有市場而無法出售，其使用價值則需透過針對未來現金流量以適當比率進行折現後，所得出的現金流量現值來計算。此準則規範審計師要自己證明每個現金產出單元（CGU）的現金預測

是合理且正當的。

外包公司麥提近年來報告了大量虧損，但因為新的、大有改善的管理策略而存活了下來。在 2017 年，麥提提報的虧損為 1.83 億英鎊，這主要是由於麥提以 2 英鎊的價格出售其醫療保健部門 MiHomecare 所進行的商譽減損。但該公司的審計師才剛在 2016 年簽核了該業務的可收回金額為 1.45 億英鎊，並且證明了其在 2016 年麥提年報中有 1.07 億英鎊的帳面價值。才短短十個月內，MiHomecare 的價值，就從資產負債表中的 1.07 億英鎊，變成了和一張英國國家樂透彩券差不多。令人難以置信的是，儘管前一年的銷售額下降了15％，在此期間也公告了虧損，麥提的審計師好像仍然樂於接受 MiHomecare 一年內成長 16％的合理性，也不管可能的最低工資等壓力，認為其未來還是可能獲利，這根本不可信。審計師一定非常依賴管理團隊對 MiHomecare 未來的營運項目所提出的保證，所以才未考慮其過去的交易表現。

麥提

漫長的等待！

　　麥提的業務，是從裡到外打點好建築物，又稱為設施管理。如果你的建築需要外燴、保全、清潔或維護等服務，那麼你就可以打電話找麥提。在早期，這些工作以分散的單一服務形式各別提供給客戶；然後，這些服務被綁在一起，舉例來說，同時提供清潔和維護服務，這往往代表著客戶可以節省花費；再下一步，麥提提供所有維持建築物正常運作所需的整合式服務，客戶因此可以節省下更多成本。整合式服務合約往往是長期的，並參與到客戶的生活之中，而整合式服務合約的數量和規模，是投資人所在意的重要關鍵績效指標（Key Performance Indicator，簡稱 KPI）。英國駿懋銀行（Lloyds Bank）、英國天空廣播集團（Sky）、勞斯萊斯（Rolls-Royce），以及最有趣的，該公司那時候的審計單位德勤會計師事務所都是麥提的重要客戶。

　　麥提過去常在較小的設施管理公司中持股，如果達到某些目標，他們就會從創始人手中完全買斷該公司。「Mitie」代表「用股權投資實現激勵管理（Management Incentive Through Investment in Equity）」，但這種舊模式逐漸被直接收購所淘汰。在 2012 年時，麥提分別以 1.11 億英鎊的現金收購一家專業家庭護理公司 Enara，以及 900 萬英鎊收購另一家護理公司 Complete Care。麥提合併了這些業務，並將其

重新命名為「MiHomecare」，轉型成為待在家中的弱勢族群提供服務的企業；但在 2017 年，麥提便以僅僅 2 英鎊的價格將其出售，甚至不得不多向買家支付 950 萬英鎊來完成交易，MiHomecare 所導致的損失超過 1.32 億英鎊。這項災難性的錯誤促使舊的管理團隊離職，並對過去的帳目進行了大量調整。

2017 年，麥提提報虧損 1.83 億英鎊，其中大部分和 MiHomecare 的處分和會計調整有關，這反映了新任命的管理團隊的做法更為保守。此外，麥提還重申了其 2015 年和 2016 年的營運成果，這不是人們期望從有可靠的審計師的富時 250 指數公司看到的，雖然大多數人並不會感到太意外。新的管理團隊直接開始工作，負責調查的畢馬威會計師事務所最後確認了許多人長期以來的懷疑：麥提的歷史利潤被誇大了。為什麼真相過了那麼久才被發現？

掌管麥提的新管理團隊們希望能夠改變公司，特別是希望透過運用越來越高階、能夠管理一棟建築物所有可用數據的科技來轉型。他們稱之為「連結的工作場所」，並且非常希望這些變化能受到需要麥提管理精密物產的人歡迎。麥提早就該改變了。

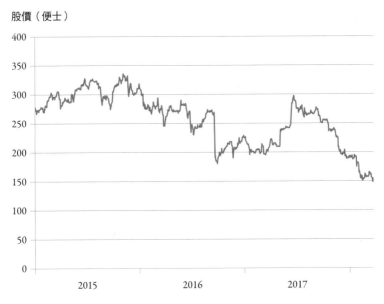

一系列盈利警示

股價（便士）

資料來源：Datastream

該市看到了警訊

　　當麥提的股票在 2016 年開始下跌時，麥提的重要股東之中很少英國的投資人，因此在那時，並沒有人對舊的管理團隊或其會計方法進行評論；重要股東大多是美國投資人，他們可能沒有看過帳目資料。一直到 2016 年至 2017 年初的四個月內，麥提發出了一系列的三次盈利警告之後，才明顯

看得出來是時候進行變革了，該公司的管理團隊付出了代價，執行長麥可格蕾戈爾史密斯（McGregor-Smith）女爵和財務總監蘇珊·百絲特（Suzanne Baxter）迅速離開。

會計審查

進行審查之後，新的管理團隊得出了結論，認為他們所承接的資產負債表並不謹慎，並且在過去的會計期間存在著會計錯誤。肇因於此，該公司於 2017 年提報了 1.83 億英鎊虧損，並且對 2015 年和 2016 年的結果進行了大規模的以前年度調整。以前年度的重大調整包括：

- 對沒有獲利的醫療保健部門 MiHomecare 進行 2,600 萬英鎊的商譽減損。這是因為在確定前期商譽的帳面價值時，對 MiHomecare 的未來做了錯誤的假設。這對許多觀察者來說並不意外。

- 資本化軟體成本被高估了 280 萬英鎊。

- 截至會計年度 2017 年 3 月止，支付給管理團隊的 830 萬英鎊獎金，應該記錄在 2015 年和 2016 年，因為這些支出和這段期間有關。你可能很想知道究竟要支付什麼獎金。

- 和前幾年合約有關的未來準備金與保險索賠支出為 810 萬英鎊。
- 以前確認收入的方式讓應收帳款和應計收入被高估了 2,040 萬英鎊。
- 整體而言，以前年度調整額的總額為 6,600 萬英鎊，記錄為 2015 年和 2016 年的稅前利潤減少。和這兩年先前報告的利潤相比，減少了 48%。一家大型上市公司應該要有的檢核與制衡機制當時在哪裡？

　　麥提於 2017 年提報的 1.83 億英鎊虧損，主要是由於處分 MiHomecare 的 1.32 億英鎊損失，以及其交易損失與一些一次性項目。包括：

- 另外 300 萬英鎊的資本化軟體成本被註銷。
- 減少軟體的使用年限，因此需要額外支付 700 萬英鎊的攤銷費用。
- 長期合約的應計收入減少了 2,000 萬英鎊。
- 進一步調降應計收入，並增加了作為流動資產的 3,600 萬英鎊準備金。
- 動員費用和其他準備金的損失總計 2,100 萬英鎊。在某些合約開始之前，麥提已經將成本資本化，而新的

管理團隊現在發覺這些成本根本無法恢復。

● 所有這些一次性項目，以更為保守和審慎的方式呈現在 2017 年麥提的年報中，總金額調整為 8,800 萬英鎊，這還不包括處分 MiHomecare 的 1.32 億英鎊虧損。

這些調整額度都很高，讓人們不得不開始懷疑，先前的審計人員為何可以接受並允許未調整前的這些原始數字維持其不正確的金額。

所有典型的警訊

麥提在 2015 年和 2016 年的年報中，有著非常典型的警告訊號，早在公司宣布導致股價下跌的一系列盈利預警的不久之前，就可以從中看出公司的營運狀況並不佳，也遠遠早於麥提開始協助英國金融行為監管局（現已暫停對麥提 2016 年盈利預警公告時間的調查）和英國財務匯報局調查之前。

這些警訊包括：

● 損益表以「總體利潤」或是「扣除其他項目之前」的表現為主，這導致該集團持續重組與虧損的收購所造成的鉅額成本，都被另外分開來披露，好像這些並不

重要、不是該集團正在進行的營業活動的一部分。但是它們顯然是公司正在進行的營運活動的一部分，因為每年都有「其他項目」，而且金額都很高。在2014年至2016年之間，「其他項目」就占了扣除其他項目之前利潤的40%。

● 資產負債表上的應計收入金額頗高，而且持續增長。2016年應計收入（麥提認為客戶欠款的估計值）為2.36億英鎊，甚至超過了2.1億英鎊的應收帳款（麥提為其客戶開立發票的金額，但至當年底未支付款項的金額）。累積收入當然沒有問題，但是當某年的銷售額下降，應計收入卻增長30%時，這個數字的可能性就值得懷疑。

● 動員成本很高。這些是麥提被指定為合約的優先投標者之後，在合約開始之前所產生的成本。這些動員成本被資本化，因此不會從利潤中被扣除。在2016年底的資產負債表中，這些成本中的2,900萬英鎊已經資本化。這是一筆很大的數字，所以應該要詢問這些成本中的一部分，是否應該在損益表中列為支出並減少利潤。

● 軟體和開發成本資本化的金額不斷上升。在2016年

底，有 4,400 萬英鎊的軟體成本資本化。這是另一個值得質疑的龐大數字。

　　但 2016 年麥提年報中，看起來有嚴重錯誤的、最大的數字，是其醫療保健部門 MiHomecare 的商譽價值。讓我來解釋一下，在 2016 年，麥提提報 Mihomecare 商譽的帳面價值為 1.07 億英鎊（請見第 112 頁與第 113 頁的摘錄）。

　　商譽價值會在收購後出現在資產負債表上，並且如前所述，這只是公司所支付的價格與所收購業務的淨資產之間的差異，而且應該根據 IFRS3「企業合併」進行核算。每年，此商譽餘額需要根據 IAS36「資產減損」進行減損測試，作法是對所收購的業務進行預測，並以適當的折現率，對預期的現金流進行估值。也就是說需要做出一些假設，包括業務的預期成長率、預期利潤和用於計算預期現金流量現值的折現率，而由此組合產生的現值即稱為「可收回金額」。在這種情況下，資產負債表中的商譽應該不只有屬於 MiHomecare 的商譽。當然，麥提在 2016 年採用的假設，顯示出資產負債表中的商譽是很容易被證明其合理性的。但是針對 MiHomecare 未來表現的假設，與過去沒有任何相似之處。

附註 4 －業務與地域分類（摘錄，單位：百萬英鎊）

集團以服務部門為基礎管理其業務。這些分類是報告主要的細分基礎。

業務部門－ 2016 年的結構

	收入	計入其他項目前的營業利潤	計入其他項目前的營業利潤率	稅前利潤
軟體設施管理	1,255.1	85.4	6.8%	87.5
硬體設施管理	618.4	31.7	5.1%	18.5
物業管理	280.4	15.8	5.6%	15.8
醫療保健	78.0	(4.0)	(5.1%)	(8.6)
其他項目	–	–	–	(16.4)
加總	2,231.9	128.9	5.8%	96.8

資料來源：2016 年麥提年報

醫療保健部門的銷售額，從 2015 年的 9,100 萬英鎊下跌到 2016 年的 7,800 萬英鎊，減少了 15%。

2016 年醫療保健部門的虧損

無法反映現實

　　麥提 2016 年的年報顯示，當年 MiHomecare 的銷售額實際上下降了 15%，並且已經導致了 860 萬英鎊的鉅額虧損。該虧損請見上面的附註 4。看起來現實與麥提對未來的假設有很大的不同。麥提的商譽額度全屬虛構，只反映了完全過份樂觀的預測。

附註 13 －商譽（摘錄）

商譽已分配給與業務分部一致的現金產生單位，因為這是集團內部控管商譽的方式。商譽主要來自 2006 年收購 Initial Security（軟體設施管理）、2009 年收購 Dalkia 技術設施管理（硬體設施管理）和 2012 年收購 Enara（醫療保健）。

	2016 年 折扣率%	2015 年 折扣率%	2016 年 商譽（百萬英鎊）	2015 年 商譽（百萬英鎊）
軟體設施管理	7.9	8.7	171.8	171.3
硬體設施管理	8.0	8.7	101.3	101.3
物業管理	9.2	10.0	85.2	85.2
醫療保健	9.1	10.0	**107.2**	106.6
			465.5	464.4

資料來源：2016 年麥提年報

醫療保健部門的商譽，但是該部門 2016 年是虧損的。

　　2016 年麥提年報中的「附註 13 －商譽」（如上圖與右頁）顯示，醫療保健部門預期有 16%的複合增長率。這是難以置信的，特別是當地方政府對居家護理的挹注資金減少，且因為最低工資問題而有成本增加的壓力，利潤應該也會因而面臨壓力。同樣令人難以置信的是，麥提預估醫療保健部門的可收回金額為 1.45 億英鎊（1.07 億英鎊加上 3,800 萬英鎊），從而證明商譽的帳面價值為 1.07 億英鎊。然而，在提報醫療保健部門的可收回金額為 1.45 億英鎊後才過了十個

月，麥提就宣布以 2 英鎊的價格將之出售。對商譽估值損害更大的是，麥提為了將 MiHomecare 脫手，還向買家支付了950 萬英鎊的嫁妝。

附註 13 －商譽（摘錄）

與醫療保健現金產生單位有關的商譽帳面價值，為 **1.072 億英鎊**（2015 年：1.066 億英鎊），此為預期將由業務產生的未來現金流量的淨現值，和可收回金額相比少了 **3,820 萬英鎊**。這些現金流量預測來自詳盡的長期業務計畫，終端價值使用基於產業成長預測的2.5%通貨膨脹成長率假設，和 **16%** 的複合年收入成長率，以達到計畫前五年的營業利潤成長（截至 2016 年 3 月 31 日止報告的收入為7,800 萬英鎊，使用此資訊做為複合年度收入成長率的參考）。

資料來源：2016 年麥提年報

醫療保健部門在 2016 年出現虧損且銷售額下滑，考量該部門的歷史表現，這樣的複合年收入成長率令人難以置信。

可收回金額 1.07 億英鎊 +3,800 萬英鎊 = 1.45 億英鎊

學到的教訓

　　麥提在 2015 年和 2016 年的年報都很令人擔憂，而隨後出現的大規模會計調整也證明了這一點。不過，光是管理團隊為醫療保健部門 MiHomecare 在資產負債表中的商譽所編

出來的難以置信的樂觀假設，應該就足以嚇跑潛在的股東。

　　醫療保健部門的銷售額在上一年度下跌了 15%，而且正在遭受重大損失，但是管理團隊仍預測未來醫療保健部門的複合年增長率為 16%，以證明其商譽的 1.07 億英鎊估值。這大概代表只要這齣戲還可以演下去，管理團隊願意竭盡所能使出會計花招。一直要到優秀的新管理團隊到任後，才讓麥提的數字變正確。這真的是一段漫長的等待。

第五章　忙著建立沒有價值的公司

收購成癮

　　公司之間的婚姻總是以良好的意圖開始，但很少會達到管理團隊所預期的成果。以收購為導向的公司往往無法為股東創造價值，一般而言，避開那些似乎沈迷於透過收購而成長的公司是明智之舉。大型的併購案最終破壞公司價值的案例，包括：著名網路服務供應商美國線上（AOL）和媒體娛樂集團時代華納（Time Warner）、跨國電信業者沃達豐（Vodafone）和電信營運商曼內司曼（Mannesmann）、康柏電腦和美國老牌電腦公司迪吉（Digital Equipment Corporation），以及藥商葛蘭素（Glaxo）與史克美占（SmithKline Beecham），還有 S&G 和 Quindell 的收購案（參閱第 92 至 100 頁）。事實上，根據德勤會計師事務所的一項在美國的研究，如果你所追求的是快速成長的公司，那麼只有四分之一左右的併購交易能夠實現這目標。

　　收購未能實現目標有許多原因，交易也可能沒有什麼邏輯。當 eBay 的用戶都樂意透過電子郵件進行溝通時，為什

麼 eBay 要購買 Skype 呢？其實，收購背後的驅動力，很可能是管理階層的自負，而非商業意識，例如蘇格蘭皇家銀行（Royal Bank of Scotland，簡稱 RBS）在 2007 年，也就是全球金融危機爆發前創紀錄地收購了荷蘭的銀行集團荷蘭銀行（ABN AMRO）。交易必須有邏輯，並且必須進行徹底的盡職調查，尤其是針對被收購公司的帳目。請參考惠普收購 Autonomy 的案例（參閱第 57 至 66 頁）。兩家公司的協同作用[1] 必須被量化，整合也必須要有全面性的規劃。而在整合的過程中，不應該忘記集團的核心業務，並且在整個過程中都需要管理客戶。新整合擴大的組織需要有良好和明確的領導，並且在組織內要有良好的溝通。此外，收購必須支付合適的價格——儘管有很多收購案都不是如此。收購案的時機需要看準市場週期，蘇格蘭皇家銀行收購荷蘭銀行時肯定就沒做到這一點。美國銀行（Bank of America）於 2008 年收購美國國家金融服務公司（Countrywide）的時間點也很差，至少可以說，此收購案也是在全球金融危機之前進行的，因此進一步增加了不良貸款對公司的影響。

　　另一個影響收購案的因素是，兩家公司的文化需要搭得

---

1 這裡指的是企業併購之後彼此互補，達到一加一大於二的加乘作用。

上線——當德國汽車製造商寶馬公司（BMW）於 1994 年從英國航太（British Aerospace）購入路華集團（Rover Group）時，就碰到了文化衝突，路華集團沒有強烈的學習文化，並且對於那些迫切需要改善的建議，採取「非我所創」[2] 的態度。本田（Honda）和寶馬都爭取購入路華。最終寶馬贏了，但沒有做太多盡職調查，雖然當時寶馬的董事會針對此交易案的價值有分裂的意見，他們依然在短短十天內就完成了收購。

汽車製造商戴姆勒（Daimler）和克萊斯勒（Chrysler）的情況也是如此，其合併從未真正發揮效果。美國底特律的這些傢伙，從未與德國斯圖加特的成熟人士相處，而合併失敗的主要原因正是文化的衝突。

部落集團（Tribal Group）曾是一個大雜燴，在 2002 年至 2004 年短短的時間內，該公司進行了 19 次收購，目標是打造一個可以為公共部門提供所有服務的企業集團。這不是一個成功的策略。從年報中我們可以清楚地看到該公司的收購數量，這應該就是一個警告訊號。值得慶幸的是，該公司現在變得更為聚焦且正在蓬勃成長。

---

2 一種社會現象，用來形容人們因為某樣事物並非源於自己的國家而不願意接受或採納。

在 1990 年代，IT 守護者被認為是一家快速發展的英國災難恢復公司，因此其股票受到高度重視。但是當它在 2000 年籌集了 1.34 億英鎊購入了業務相似的安全網公司時，凸顯了 IT 守護者本身的業務根本沒有成長，事實上，它正在倒退，並且需要透過收購才能成長與維持股價的高度。最正確的觀念是，**自然成長的公司比用收購的方式成長的公司，更能夠創造價值**。2000 年 IT 守護者的年報顯示，這家評價很高的公司根本沒有成長。

英國零售巨頭 Conviviality 也是一樣，其核心的 Bargain Booze 連鎖便利商店出售酒精、煙草和電子煙產品，而 Bargain Booze 的成長沒有達到管理團隊期望或指望的成長速度。這促使該公司從零售業轉向飲料批發，但這是一項完全不同的業務，現金流也較差。此一錯誤戰略因為財務上的無能而更加惡化。從 Conviviality 兩度嘗試計算和三份合約有關的一筆虧損性合約準備金時（第一次在 2016 年，第二次在 2017 年），就能輕易看出這一點。

如同 IBM 前執行長葛斯納（Louis V. Gerstner）曾經說過的：「成功的企業是從頭開始建立的。你無法用一堆收購來組裝。」

IT守護者

無法從災難中恢復

　　超過 10 億英鎊！這是 IT 守護者在 2000 年，也就是科技泡沫高峰時期的價值。兩年後，新的財務總監發現了會計違規行為，該公司的股價不可避免地隨之崩盤。美國的 SunGard 數據系統公司收購了 IT 守護者，幫助 IT 守護者及其眾多知名的機構投資人擺脫苦難，儘管收購的價格只占 IT 守護者高峰期的 5%。

　　IT 守護者專門從事災難恢復服務，為客戶提供電腦系統和工作站，並幫助客戶避免公司的系統因火災或恐怖攻擊而關閉。問題是，雖然 IT 守護者忙於為客戶的災難做好準備，但由於激進的收購政策和糟糕的會計，它造成了自己的災難。該公司的股價或許一直走高，但其核心業務的利潤並未成長。報告中的成長，是來自於非常昂貴的收購成果，也就是說只有在投資人樂意拿出更多現金投資時，這家公司才有辦法維持下去。雖然 2000 年 IT 守護者的年報中並沒有明顯的會計問題，但沒有現金的產生和缺乏自然成長都明顯反映出了該公司依賴收購來成長的跡象。

特別是對於一家股價已被高估的公司而言，這應該足以成為一個警告訊號。

災難恢復專家的股價跳水災難

股價（便士）

資料來源：Datastream

收購不是安全網

IT 守護者在 2000 年時開始進行收購。那年 6 月，它在倫敦市場上進行了迄今為止最大的新股認購，籌集了 1.34 億

英鎊，得以用 1.7 億英鎊的價格收購另一家同樣參與災難恢復業務的安全網公司。此次收購確實使收益在收購的那一年保持成長，但此收購並不是以「安全第一」的價格購買的，此價格超過收益的 70 倍，而且沒有資產。實際上，英國公司登記局（Companies House）的基本搜索結果顯示，安全網的利潤在過去兩年裡根本沒有成長。為什麼 IT 守護者願意為此付出這麼多錢呢？過沒多久，IT 守護者的管理團隊就意識到他們多花錢了。在收購過了 18 個月後，IT 守護者將安全網在帳目中的價值調降了 6,300 萬英鎊，導致該公司在 2001 年的鉅額虧損。此外，收購時針對 2001 年銷售額和利潤的樂觀估計並未實現，因此需要減記大量的商譽價值。奇怪的是，安全網在被 IT 守護者收購時明明有重大遠期合約的收入。

新的財務總監

有時候，前任財務總監的倉促離職和繼任者的迅速到來會引發意料之外的問題，這就是 IT 守護者的情況。Carillion（參閱第 165 頁）、Amey（參閱第 147 頁）和 iSoft（參閱第 73 頁）也是其他很好的例子。這些公司都是由新的財務總監

提出其他觀察者一直在強調的問題。IT 守護者的新財務總監
尼爾・羅伯茲（Neil Roberts）在到任後的 17 天內，即因為銷
售預測過於樂觀且成本被低估，調降了對 2001 年的預期。
當他擔任此職務 74 天後，尼爾・羅伯茲發現了一些不一致
處，因此需要調整帳目並進一步增加例外的成本。其中最重
要的調整，是 IT 守護者網站託管業務的價值減記，該業務
剛剛在希斯洛機場上線。表面上，在 2001 年為此花費了 1,500
萬英鎊，但這些全部都必須在同一年被註銷。尼爾・羅伯茲
並警告該公司的商譽估值需要調降，銀行契約也需要放寬。
之後，董事會主席辭職了。IT 守護者隨後報告 2001 年損失
了 9,500 萬英鎊，而先前提報 2000 年的 400 萬英鎊利潤被重
述為損失 300 萬英鎊。新的財務總監帶來了不少影響。

　　對股東來說幸運的是，有一家美國領先的災難恢復專家
SunGard 數據系統公司，在 2002 年時以每股 80 便士出價購
買 IT 守護者，銀行也得以拿回他們的錢。讓我們搞清楚一點：
新的財務總監在他到達時所發現的一切，都不是能夠輕易從
2000 年 IT 守護者的年報中看見的，但投資人在他任職前就
該保持警覺，因為年報已經顯示出該公司的利潤並沒有自然
地成長。雖然 IT 守護者透過發行股票不斷籌集資金，但支
付的利息成本仍然不斷上升，從這點就可以看出 IT 守護者

的現金流很差。

沒有成長，但投資人仍購買股票

2000 年時，IT 守護者的股票登記冊上幾乎沒有藍籌股投資人。但是到 2001 年底，當股票終於快沉到海底時，它擁有了大量新的、知名的機構投資人。正如漲潮會抬升所有船隻一樣，相反的狀況也真實存在：跌潮（股價下跌）可能使船隻（IT守護者案例中的投資人）處在較高且乾燥的地方，特別是股票流動性變差且難以交易時。對於一些鉅額資金的基金經理來說也是如此。但是 IT 守護者一開始吸引他們加入的理由究竟是什麼？透過對 2000 年 IT 守護者年報的簡單分析，我們可以看出其成長來自收購。該公司 2000 年年報中的綜合損益表也顯示出了此關鍵。

IT守護者透過收購的貢獻得以調整 2000 年的營業利潤，但其核心業務實際上倒退了 11％。然而，新投資人卻以 30 至 70 倍之間的歷史本益比購入股票，這對一家核心業務出現負成長，卻仍然熱衷於廣發股票以籌集收購所需資金的公司而言，是非常昂貴的。這應該就足以阻止有經驗的投資人了。投資人應該要知道，如果成長主要來自收購，利潤就可以在

年度綜合損益表（截至 2000 年 12 月 31 日止，單位：千英鎊）

	延續 2000 年	收購 2000 年	總計 2000 年	總計 1999 年
營業額	67,501	18,896	86,397	49,245
鎖售成本	(21,971)	(6,495)	(28,466)	(16,656)
毛利	45,530	12,401	57,931	32,589
行政費用	(36,858)	(13,426)	(50,284)	(23,499)
商譽攤銷與特殊成本前營業利潤	11,227	5,782	17,009	10,368
商譽攤銷	(2,555)	(5,891)	(8,446)	(1,278)
特殊成本	–	(916)	(916)	–
營業利潤／虧損	8,672	(1,025)	7,647	9,090
關聯企業營業利潤份額			105	20
總營業利潤：				
集團和關聯企業份額			7,752	9,110
淨利息			(3,895)	(2,062)
稅、商譽攤銷和特殊成本前 普通活動利潤			13,219	8,326

資料來源：2000 年 IT 守護者年報

商譽與特殊成本前 營業利潤	17,009	10,368
扣除收購	(5,782)	–
	11,227	10,368
扣除利息	(3,895)	(2,062)
	7,332	8,306

主要核心業務的利潤下降 11%

短期內被操縱；但是音樂遲早會播完，只是時間早晚罷了，
到了那個時候，核心業務的弱點就曝光了。這是一個很重要
的警告訊號，特別是因為股票有著如此高的價值。通常，以

收購為導向的公司，其估值往往會低於自然成長的公司，但IT守護者似乎打破了此一規則。

學到的教訓

需要小心看待依賴收購成長的公司。因為這樣的公司只要透過調整被收購公司的公允價值、收入和成本認列的時間點，與準備金的使用，就可以在短期內操縱利潤。投資人應該要特別避開那些高估值，但是成長卻來自收購的公司。IT守護者就是一個很好的例子。

部落集團

部落太多了

部落集團真的是一家大雜燴公司。它在不同的時期曾經聲稱致力於人力資源、中央和地方政府服務、顧問諮詢、健康和社會關懷、社會住房、通訊和公共關係、財產服務、IT、培訓，哦，不要忘了還有教育服務。部落集團的部落太多了，應該會讓許多人爭論說想要取得成功，就必須要專心。

　　該集團股東的股票價值先在 2004 年大幅下跌，到了 2015 年時又發生了一次。我記得在 2003 年與部落集團的董事們會面後，我就堅信該集團無法保持所有收購的項目正常運作。該集團果然無法做到，但這並不奇怪，因為在截至 2004 年 3 月的兩年內，部落集團進行了 19 次收購，這些收購彼此之間似乎搭不太上線，並且為此的花費高達 1.5 億英鎊。另外，同時以現金和股票支付此類收購，也意味著股票的流量永遠會限制股價升值。

　　熱烈的收購和股東價值的損失過去之後，部落集團改變了其戰略，專注於提供教育服務和軟體。然而，這種轉變並不能被稱許為「同業最佳」，因為該集團在 2015 年又再次另市場失望，由於許多大型合約比預期更難執行，所以未能實現預期盈利。但好消息是，部落集團現在只有一個「部落」，也就是為全世界的教育機構提供服務和軟體，這個部落有關鍵點，因此有機會在商業叢林中生存。

　　部落集團透過收購建立了一個名為水星健康（Mercury Health）的醫療保健部門，該部門與英國的國民保健署（NHS）針對創建連鎖的國家治療中心進行了討論，並於 2003 年 9 月被任命為合約的首選投標人。這一切看起來都不錯，但是到了 2004 年 2 月，雙方顯然無法達成協議，因而

導致部落集團註銷超過 500 萬英鎊的成本。

首先是低崖跳水式……

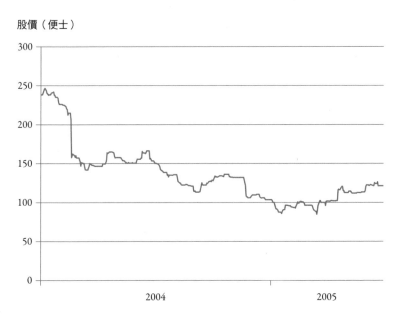

資料來源：Datastream

　　如果說其未能與國民健保署達成協議的原因是部落集團的激進收購政策，這是不正確的；然而，它也沒有幫助，因為某些希望參與這項享有盛譽的國民健保署合約的單位，也可能因為受到國民健保署協議的影響，轉而靠部落集團收購他們的公司，而期望在被併購後獲得豐厚的盈利能力達標支

付金。2004年警示投資人要避開部落集團的警告訊號，是該集團收購的數量，以及所收購公司之間的極大差異。

附註 31－主要子公司（摘錄）

子公司	主要業務	持股
Action Medical Ltd	醫學專業招聘	100%
Atlas Media Group Ltd	公關顧問	100%
Ben Johnson-Hill Associates Ltd	基準服務	100%
Cambridge Training	多媒體培訓	100%
Tribal Dundas Consultancy Services Ltd	進修教育諮詢	100%
FD Learning Ltd	軟體和支援服務	77%
Foundation Software Solutions Ltd	軟體供應商	77%
Geronimo Public Relations Ltd	公共關係諮詢	100%
HACAS Group Ltd	住房再生諮詢	100%
Instant Library Ltd	圖書館和資訊管理	100%
Kingsway Advertising Ltd	設計和廣告代理	100%
Network Training Publishing Ltd	培訓課程資料製作	100%
Network Training (Taunton) Ltd	進修教育和諮詢	100%
Nightingale Architects Ltd	建築師	100%
Secta Group Ltd	管理諮詢	100%
SfE Ltd	教師培訓和遠端學習	100%
Tribal Asset Management Ltd	資產管理軟體	100%
Tribal Consulting Ltd	管理諮詢	100%
Tribal Education Ltd	教育諮詢	100%
Tribal GWT Group Ltd	招聘、搜尋和選擇	85%
Tribal Holdings Ltd	控股公司	100%
Tribal PPI Group Ltd	英國教育標準局評驗	100%
Tribal Property Services Ltd	物業顧問	100%
Tribal Technology Ltd	軟體支援和 IT 服務	77%
Yale Data Management Consultants Ltd	管理和 IT 顧問	100%

資料來源：2004年部落集團年報

　　上一頁是「附註 31 －主要子公司」的精簡版本，取自 2004 年部落集團年報，顯示集團中的公司數量龐大。這其實還低估了部落集團當時的收購潮，因為它不包括那些被收購後關閉、其員工納入現有營運業務的公司。因此，部落集團解散只是時間的問題。這種極度收購導向的戰略，通常無法有效地整合公司並將新集團聯合在一起，而且幾乎總是會破壞股東價值。投資人應該看看部落集團子公司的主要業務，並思考這些業務要怎麼融合在一起：將招聘人員、建築師、軟體公司、英國教育標準局（Ofsted）評驗公司和圖書館管理公司放在同一個集團中，到底能產生什麼樣的協同作用？業務邏輯又是什麼？

　　分析一家公司帳目最有用的方法之一，就是在構成損益表和資產負債表的兩欄數字中緩慢地閱覽。這些欄位列出了最近一年和上一年的數據，而任何從某一年到下一年的重大變化，都應該要從該年度公司銷售活動水平的背景下，進行充分地了解。

　　帳目的附註資料會讓這些數字更具有說服力，2014 年部落集團年報的情況也是如此。

……然後從高崖跳下

股價（便士）

資料來源：Datastream

　　2014 年部落集團年報中的「附註 20 －貿易及其他應收帳款」（如下頁）告訴我們，雖然 2012 年、2013 年與 2014 年的貿易及其他應收款項變動不大，但其組成卻有變動，而且這些資產的質量在 2014 年嚴重惡化，這就是要小心可能會發生問題的警訊。

　　正如我們在本書其他公司的案例中所看到的，應計收入的大幅成長幾乎都很令人擔憂。由於這是管理團隊認為對公

司已完成工作的欠款估計值，因此無法憑發票佐證，也很難
被審計。然而，軟體產業務通常是純利潤，因為成本花費已
經包含在損益表的成本中。毫不令人驚訝的是，在部落集團
交出 2014 年年報的四個月後，管理團隊表示他們「已經看
到了某些大型客戶計畫的時程需延長，這導致了收入的延期
和更高的計畫交付成本」，這代表客戶並不滿意，所以他們
不付款，而公司需要做得更多以交付這些專案。在部落集團
2014 年的年報中還有許多其他令人擔憂的跡象，其中包括在
「附註 6」的「其他項目」下，有將近 2,000 萬英鎊的成本，
這是先前管理團隊犯下昂貴錯誤的帳。

附註 20 －貿易及其他應收帳款（摘錄，單位：千英鎊）

	2014	2013	2012
商品銷售與服務應收帳款	13,217	18,492	16,823
呆帳準備金	(153)	(216)	(287)
	13,064	**18,276**	16,536
合約可收回金額	115	270	812
其他應收帳款	294	283	903
預付款項	3,822	2,705	2,353
應計收入	**10,842**	**7,381**	7,621
	28,137	28,915	28,225

資料來源：2014 年部落集團年報

已開立發票的應收帳款大幅下降

未開發票的應收帳款（應計收入）大幅增加

學到的教訓

　　部落集團現在很活躍，而且公司營運有重點——這是以前的管理團隊未能實現的。該集團於 2016 年 3 月按一股供一股的方式，以 22 便士的價格發行股票為公司再融資並擺脫困境，如果不是這筆資金，它很可能已經破產了。但是，這裡的教訓很明確：避免高度收購導向的公司和那些擁有大量應計（請記得這只是「估計」！）銷售額的公司。後者是一個相當常見的警示，往往可以預見股價大幅下跌。

Conviviality

櫻桃咬（喝）兩口

　　為什麼有人在 Conviviality 突然改變營運方向後，還願意投資該公司，始終是一個謎，我想他們一定是喝醉了。Conviviality 的投資人和全球基金管理公司阿提米斯（Artemis）以及施羅德投資集團（Schroders）的那些清醒的投資人不同的是，他們沒有看到正在發生的問題，而現在只能處理這項投資所帶來的宿醉痛苦。Conviviality 在 2018 年股價大崩盤

並且迅速地破產。但是警告的訊號其實就在那裡：其核心零售業務，包括販售飲料的 Bargain Booze 連鎖店、Wine Rack 零售商和 Select Convenience 便利商店都沒有成長。這是一個利潤率較低的產業，其銷售額在某些時期甚至是倒退的。然後它改變了策略。

故事始於 2013 年，當時私人股權所有人將新的管理者介紹給 Conviviality，希望制定一套「清醒的」成長策略，以改造其 Bargain Booze 零售經營鏈，並讓公司在倫敦交易所的另類投資市場上市。Bargain Booze 販售啤酒、葡萄酒、烈酒、軟性飲料、即食食品、煙草和流行的電子煙產品。它的主要營業範圍在英國西北部，而新計畫是要在全英國拓展 Bargain Booze 的通路點。管理者的想法是，現在很多英國人都懶得開車去超市買酒，更喜歡臨時起意到巷口的便利商店消費。Bargain Booze 的目標是開設新據點，以好好把握這股消費習慣改變的趨勢，但它需要獲得資金才能達到此目標。

在另類投資市場股票上市後，Bargain Booze 更名為 Conviviality，並且進行了一系列的收購。收購的策略包括負債融資，與以驚人的速度發行新股來籌集資金。Conviviality 在其巔峰時期是一座運作良好的股票發行機器，老實說，這就足以嚇跑許多小型公司投資人，這些人原本是充滿自信的

新任管理團隊的忠實支持者。而令人驚訝的是，有些人仍然緊握他們的股票堅持到最後。

Conviviality 在 2013 年 7 月上市時只擁有 Bargain Booze 連鎖通路，價值僅為 7,000 萬英鎊。在隨後的三年中，Conviviality 收購了零售商 Wine Rack（200 萬英鎊）、GT News（600 萬英鎊）、Rhythm & Booze（200 萬英鎊）；飲料批發商 Matthew Clark（2 億英鎊），和葡萄酒商 Bibendum（6,000 萬英鎊）。2017 年末，Conviviality 收購了另一家零售商 Central Convenience（3,000 萬英鎊），但是這並沒有掩蓋事實，也就是該公司的業務策略已經從零售業轉變為越來越著重批發業務。

Conviviality 在 2017 年末達到頂峰時，價值已經逼近 7.5 億英鎊，有些人是因為相信原來的策略而購買股份，然後被完全不同的策略方向所說服。然而到 2018 年 4 月，Conviviality 卻變得一文不值。

管理團隊最初的策略，是以 Bargain Booze 和 Wine Rack 這兩個通路品牌為主，建立一系列加盟經營的零售便利商店。客戶支付現金，而 Conviviality 則從供應商獲取融資。只要利潤和銷售額撐得住，這會是一種可以產生正向利潤和現金流的模式。

　　但是預期的成長並沒有實現。為了克服其業務策略的裂縫，Conviviality 因此購入了兩家大型批發商。他們認為將零售與批發相結合，在組織效率、更划算的採購和分銷成本經濟方面，可以產生顯著的協同成效，並且可以創造額外的收入。

股價受到影響而下跌

股價（便士）

資料來源：Datastream

　　這套策略轉變最終被證明是一個很大的錯誤。這主要是

因為飲料批發就像飲料零售一樣，是一項利潤不高、現金流也不佳的業務，因為像 Matthew Clark 和 Bibendum 這類的供應商都以賒帳的方式供貨給飯店、餐館和酒吧。

各位，酒吧要關門了！

Conviviality 在 2018 年 3 月宣布了一系列公告，最後甚至像情境設定在酒吧的英國知名喜劇《Time, Gentlemen, Please》一樣，Conviviality 也宣告「各位，酒吧要關門了！」

首先，該公司承認在編制 2018 年的利潤預測時發生 500 萬英鎊的算術錯誤。那些才在幾個月前，因為 Conviviality 以 3,000 萬英鎊收購 Central Convenience，而以每股 375 便士價格購買股票的人，一定會感到特別委屈。此外，Conviviality 也承認批發利潤已下降。

此公告發布一週後，Conviviality 承認遺漏了 3,000 萬英鎊煙草和酒稅的應計稅捐。這怎麼可能會被忘記？這可是要定期進行的應計作業，並且要像鐘錶機械一樣準時繳給英國稅務海關總署（HMRC）的稅。此外，因為該公司已經耗盡了銀行融資的額度，所以有資金缺口。最後，它的股票也被暫停。Convenience 就像喝醉一樣搖搖欲墜。

　　為此，Conviviality 自信滿滿的執行長黛安娜·杭特（Diana Hunter）下台；非執行主席大衛·亞當斯（David Adams）承擔籌措 1.25 億英鎊的任務，用於償還欠供應商和稅務海關總署的款項，以及償還循環信貸額度的全額 3,000 萬英鎊，並確保公司有足夠運作的資本。

　　接下來，Conviviality 因為整體業務的成長預期狀況不佳，進一步調降了預期。這點並不足為奇，因為它所收購的業務在之前也都沒有任何實際成長的跡象。

　　2018 年 3 月底時，Conviviality 宣布未能從股東那籌到 1.25 億英鎊再融資所需的資金。打烊前最後買酒的時間到了，管理階層也臨危授命，但曾是英國最大的加盟經營賣酒連鎖店，也曾是英國最大的獨立飲料批發商仍然破產了。一切都結束得很快，Conviviality 只花了比一個月多一點點的時間就倒下了。

櫻桃咬（喝）兩口

　　有很多跡象都顯示了 Conviviality 並不像公司名稱所暗示的那樣對投資人有利[3]，像是 Conviviality 極度仰賴收購且

---

3 conviviality 的有「友好」的意思。

不停發行股票，銀行避之惟恐不及；2017 年 Conviviality 年報中，「附註 14 －貿易及其他應收帳款」顯示有著 4,200 萬英鎊的應收帳款已逾期但未減損，引發了對收入確認的質疑；當原先預訂的策略未能實現時，Conviviality 就大幅改變策略；該公司沒有締造現金流的能力，收購兩家大型批發商後，此問題進一步惡化；在大多數的年度中，Conviviality 都著重在調整後的利潤，以及排除大量特殊成本後的收益；最初的私募股權所有者，在首次公開募股時出售了他們所有的股份；而管理者幾乎未持有公司股份。這些都是足以令人保持警覺的原因，儘管如此，當然上述的原因都無法讓我們知道，該公司將會無法繳稅給稅務海關總署。比較合理的推測是 Conviviality 帳目中由客戶支付的應計費用為酒精和煙草的稅金，之後再由 Conviviality 支付給稅務海關總署。

但應該對 Conviviality 保持警覺的真正原因，是該公司在收購 Matthew Clark 公司時自由使用準備金，這點從 2017 年 Conviviality 年報中就可以明確看到。

這讓我們更了解該公司的管理方式。由於高度仰賴收購的公司在過去普遍濫用準備金，準備金因而無法做為未來的損失，或用在某家公司收購另一家公司後產生的重組成本上。曾經有一段時間，這種會計花招被用來將支出與重要的

收益數字分開，確保公司得以持續報告正面的成長趨勢。根據從 2008 年 1 月開始施行的 IFRS3「企業合併」，現在收購方只能以公允價值確認收購當日被收購方所存在的負債。

附註 28 一企業合併
Matthew Clark（控股）有限公司（摘錄，單位：千英鎊）

下表總結為了 Matthew Clark（控股）有限公司的已付代價，以及在收購日確認的收購資產與承擔負債。

	帳面價值	公允價值調整	公允價值
物業、廠房及設備	4,074	(891)	3,183
無形資產	3,624	(311)	3,313
存貨	44,238	(266)	43,972
貿易和其他應收帳款	116,738	(359)	116,379
淨債務和債類型項目	(10,838)	(247)	(11,085)
貿易和其他應付款項	(122,979)	(1,084)	(124,063)
金融衍生工具	(634)	–	(634)
遞延稅項負債	402	(11,859)	(11,457)
準備金	(603)	**(5,167)**	(5,770)
可辨認淨資產總額	34,022	(20,184)	13,838
無形資產分攤－品牌			23,900
無形資產分攤－客戶群			38,800
商譽			122,438
以現金清償代價總額			198,976

資料來源：2016 年 Conviviality 年報

Matthew Clark 原定的虧損性合約準備金

IFRS3「企業合併」規定，被收購公司的資產和負債，在收購方的帳目中必須以公允價值確認。這使得像是虧損性合約之類的負債，只要在收購當下存在，就可以進行會計確認。於是 Conviviality 在 2015 年改變策略並收購了 Matthew Clark。為了從 Matthew Clark 承接的虧損性合約，Conviviality 光明正大地在 2016 年的財務報告帳目中列入將近 520 萬英鎊的準備金，如同「附註 28 －企業合併」所示（請見上一頁）。

問題就在於 Conviviality 咬了兩口櫻桃，或是用該公司的產業來形容，應該說喝了兩口櫻桃汽水，同一件事情做了兩次。在 2017 年的年報「附註 28 －企業合併（延續）」中顯示（請見下一頁），他們再次計算了這些虧損性合約的準備金，這次將其定義為 1,100 萬英鎊。在 Conviviality 第一次計算時，有十個月的時間可以算出三份合約準備金的公允價值，這夠久了吧，然而 Conviviality 在 22 個月後才回頭檢視這些合約並承認他們出錯了，必須要調高金額。這就說明了該公司，特別是財務團隊的管理品質。所以，當他們忘了 3,000 萬英鎊的應計稅捐，或是他們在預測 2018 年的利潤時有 500 萬英鎊的算術錯誤，也許並不會令太多人感到驚訝。警告的訊號就在 2017 年。

附註 28 －企業合併（延續）
先前企業合併
Matthew Clark（控股）有限公司（摘錄，單位：千英鎊）

下表總結為了 Matthew Clark（控股）有限公司的已付代價，以及在收購日確認的收購資產與承擔負債。

	帳面價值	公允價值調整	公允價值
物業、廠房及設備	4,074	(891)	3,183
無形資產	3,624	(311)	3,313
存貨	44,238	(266)	43,972
貿易和其他應收帳款	116,738	(359)	116,379
淨債務和債類型項目	(10,838)	(247)	(11,085)
貿易和其他應付款項	(122,979)	(1,084)	(124,063)
金融衍生工具	(634)	–	(634)
遞延稅項負債	402	(10,080)	(9,678)
準備金	(603)	**(10,991)**	(11,594)
可辨認淨資產總額	34,022	(24,229)	9,793
無形資產分攤－品牌			23,900
無形資產分攤－客戶群			38,800
商譽			126,483
以現金清償代價總額			198,976

資料來源：2017 年 Conviviality 年報

第二次嘗試：增加 Matthew Clark 虧損性合約的準備金

　　Conviviality 是冰山理論的另一個實例。如果你在年報中看到一個問題，可能會有其他問題潛伏在水平面以下，隱藏在視線之外。如果你在 Conviviality 報告此額外的準備金時售

出股票,每股大概能拿到的價格約為 360 便士。不到九個月後,這些股票就變得毫無價值了。

英國財務匯報局目前正在調查 Conviviality 截至 2017 年 4 月的財務報表審計、編制與核准。負責審計的畢馬威會計師事務所認為他們進行了適當的審計,並且正在全力配合調查。

學到的教訓

有很多跡象都告訴我們 Conviviality 並不如其公司名稱所暗示的友好和適合投資。那些被其自信的管理團隊說服投資,並且在策略轉彎時沒有發現警訊的人,最終遭受了巨大的損失。當然,沒有任何法醫分析可以從該公司的年報訴你,管理團隊將連最基本的職責——應計稅捐以定期繳納稅金都做不好。但是,在 22 個月前首次計算三份虧損性合約的公允價值準備金後,又在 2017 年重新審視它們,就應該讓你對 Conviviality 的會計實踐有所概念,這還不包括已經逾期但並未減損的應收款項 4,200 萬英鎊,這非常可疑。如果他們會搞錯準備金,就可能會犯更嚴重的錯誤。Conviviality 也真的就是如此。

第六章

永遠不要在意大小，請感受品質

資產品質惡化

　　Amey 和 Carillion 有著相似之處，與英國目前最大的外包公司 Capita 也有重疊之處。但令人驚訝的是 Carillion 竟然會被允許發展至它所在的狀態而破產。政府、客戶、審計、監管機構、銀行和投資人，理當都要從歷史中學到教訓的，不是嗎？英國的主要政黨都曾經大力鼓吹以民間財務主導公共建設的民間融資提案合約，因為這些合約可以使政府獲得醫院、學校、橋樑等建造，卻不必投入其資本預算。民間融資提案對政府的資產負債表有利，但也由於其他許多原因而備受爭議。

　　Amey 在 2003 年工黨執政政府對民間融資提案最熱情支持的期間幾乎破產。不過對每個參與其中的人都很幸運的是，西班牙跨國公司 Ferrovial 在 Amey 的股價於 9 個月內下跌 90％之後介入並競購該公司。至少股東還能夠獲得一些補償，而分包商還可以得到報酬。Carillion 在很多方面都像是 Amey 的分身，兩者的不同之處在於當 Carillion 在 2018

年 1 月進入破產清算時，沒有競標者試圖重整這家公司，而且這次是發生在保守黨執政期間。Carillion 那些相信政府大概不會讓其主要承包商垮台的分包商、銀行家和股東，最終一無所獲。正如許多人所分析的那樣，雖然 Capita 不是 Carillion，但兩家公司的年報中記錄的流動資產，都非常相似地隨著時間而惡化；他們的客戶群也有相似之處，這兩家公司都大量涉獵公共部門，也有大量國內外的專案。

雖然 Carillion 的建案量超過了 Amey，但正是建設工程這項業務造成了問題，這兩間公司提供服務的主要市場在英國幾乎完全相同。讓我們列出它們的相似之處：兩家公司在運輸、民間融資提案合約、公路、鐵路、公用事業、國防、教育、健康和設施管理方面都有重要的業務活動。此外，兩家公司的大部分收入及其利潤都取決於 IAS18「收入」的應用，它們向客戶「提供」服務，而這些服務通常跨越多個會計期間；以及 IAS11「建設合約」，他們所承擔的建設合約，也都跨越多個會計期間。

當服務合約的結果可以被確實地預估時，收入的金額應該參考年末時合約完成的進度，進行收入確認——這通常稱為「完工比例法」。當滿足以下所有條件時，就可以確實地預估提供服務的成果：

- 收入可以被確實計算。

- 與合約相關的經濟利益很可能會流向賣方。

- 迄今為止產生的成本和完成合約所需的成本，皆可以被確實地計算。

- 合約的完成度可以在會計期末被確實地計算。

　　因此，有必要確認合約的完成度，而這可以透過調查或查核迄今為止服務的執行狀況，來算出其占了所有需執行服務的百分比；或是，用計算迄今為止所發生的成本占了合約總成本的比例來計算。

　　IAS11 規範收入和成本這兩項共同決定利潤的因素，應該依照合約的執行進度進行確認。我們可以從 IAS18 和 IAS11 的規範看出，確認合約的進度有很大程度仰賴測量與通常可能出錯的預估和判斷。這在一定程度上解釋了為什麼 Amey 和 Carillion 都在新人加入並以新的角度檢視後會走向虧損。Amey 的新視野來自艾瑞克・崔西（Eric Tracey），他是德勤會計師事務所借調的財務總監，他空降到公司以掌管其支援服務和建設合約。在他的監管下，過去管理不善所留下的問題已被更正，並且施行了更保守的新會計制度，Amey 因此在 2002 年提報了 1.29 億英鎊損失。而在 2003 年的資產

負債表的流動資產中，原本被認為是良性的 2.23 億英鎊應收帳款餘額也被降值了。

Carillion 的兩位財務總監里查·亞當（Richard Adam）、扎法爾·汗（Zafar Khan）及執行長里查·霍森（Richard Howson）離開後，非執行董事凱思·科赫雷（Keith Cochrane）成為暫時的執行長，而被許多人視為告發者的艾瑪·墨瑟（Emma Mercer）接任財務總監。他們針對 Carillion 資產負債表中流動資產所包括的許多建設和支援服務應收帳款，提撥了 10 億英鎊的鉅額準備金，儘管審計員幾個月前才剛給予那份資產負債表合格的審計結果。

Amey 的艾瑞克·崔西和 Carillion 的凱思·科赫雷與艾瑪·墨瑟根據之前管理團隊的計算、預估和判斷，審查了他們各自所繼承的資產負債表，並非常迅速地得出結論：其中有許多地方是完全錯誤的。對於許多觀察者來說，這些問題已經擺在那裡好一段時間了。雖然這些陷入困境的公司的新老闆可以詳細查看許多合約，並建立自己對公司價值的價值觀，但在這兩間公司各自開始崩盤的前幾年，都可以從年報的流動資產中看到資產質量快速惡化的狀況，這就是警告訊號，警示我們應該要避開 Amey 和 Carillion 的股票。

Amey、Carillion 以及其他在建設和支援服務產業的案例

給我們的教訓是，**IAS18** 和 **IAS11** 非常不足、需要被淘汰，因為這兩條會計準則過於依賴管理團隊的預估、判斷和計算，這些都很容易被操縱以達到目標，而非反映現實情況。

2018 年 1 月生效的 IFRS15「客戶合約之收入」是一項非常有存在必要的新會計準則，將有助於改善此狀況。這項新的會計準則設定了一些可以隨著時間確認收入的標準，但在大多數的情況下，收入是在達成約定履約義務的時間點被確認，簡單來說，這代表以後收入確認將和從客戶那裡收到現金的時間更一致。在採用了這個會計準則之後，將不太可能出現獲利和現金流不一致（這經常被公司拿來誇大利潤）的狀況。人們不禁要問為什麼這項會計準則不早點生效，但無論如何，它仍然受到大家的歡迎。

Amey

連鎖缺失

「連鎖優勢」 是 Amey 的公司精神，也被印在該公司 2001 年年報的封面上，該報告發布的時間，正是在其股票開始急劇下跌之前。「連鎖優勢」更像是「連鎖缺失」。

　　Amey 為不同的政府組織和民營公司提供支援服務。它在廣泛的跨產業中營運，包括鐵路、高速公路、國防、健康、地方政府、公用事業和教育，其中的許多專案透過民間融資提案提供服務——這在當時是政府為需要鉅額資金的專案，獲得資金的一種流行作法。民間融資提案允許政府可以獲得民間的資金，用於建立醫院等基礎設施。政府不必為建設醫院的資金成本掏錢，但作為回報，一旦醫院開始使用，政府（以及未來政府）就必須要支付使用費。在短期內，政府的資產負債表上不會有這筆資金支出；從長期來看，政府必須從現有的支出中找到更多預算，以支付使用醫院的費用。

　　Amey 的戰略目標是成為一家富時 100 指數的公司，但有些人認為它缺乏實現目標所需的具體戰略思考。部分問題在於，像 Carillion（參見第 165 頁）一樣，Amey 對其競標的工作沒有足夠的選擇能力，接受了前期成本較高，且通常需花費超過預期時間才能完成的大型合約，這無可避免地為已過度樂觀的資產負債表帶來了壓力。該公司著重於看起來好像可以帶來良好利潤的合約，卻對現金流的時間缺乏概念——Amey 看起來就像英國其他提供支援服務的公司一樣。

大規模減記造成的股價影響

股價（便士）

資料來源：Datastream

　　Amey 在 2002 年被問到關於持續的會計變更時，當時的財務總監大衛・米勒（David Miller）表示，必須要處理 32 項全新會計準則的可能性就像是「一杯嘔吐物，而我不打算喝下它」。Amey 在他於 2002 年 9 月辭職後揭開了問題，而新的財務總監將之前被認為是收入的資產進行了減記。

　　之後，麥克・凱瑟（Michael Kayser）取代了大衛・米勒成為財務總監，但是他在看了數字之後只待了五週就離開

了。走投無路之下，管理團隊求助於德勤會計師事務所經驗豐富的審計合夥人艾瑞克‧崔西，請他擔任財務總監並準備2002 年的數據報告。艾瑞克‧崔西後來被評為年度在英紐西蘭人，並因為他在 Amey 的工作而入圍 2003 年《會計時代》（Accountancy Age）雜誌年度財務總監的評選。他接下來擔任 Wembley 的財務總監，Wembley 是英國的博弈公司，在美國的賭場持有股份，艾瑞克‧崔西加入時，該公司正面臨美國的法律訴訟。最近，遭遇重大問題的 Findel 公司也任命他擔任非執行董事（參閱第 213 頁）。不難看出艾瑞克‧崔西很喜歡挑戰。

艾瑞克‧崔西確實將他全面的會計訓練付諸實踐，Amey在 2002 年提報的虧損為 1.29 億英鎊，此虧損主要是來自於目前的資產減記，因為之前該公司對他們的可收回金額太過樂觀了。只要仔細閱讀 2001 年的 Amey 年報，特別是「附註19－應收帳款」（參閱第 154 頁），不難看出對這類高估的應收帳款進行調整只是時間早晚的問題，而艾瑞克‧崔西就這麼做了。

財務分析：特殊項目（摘錄，單位：百萬英鎊）

本年度的營運成果也受以下項目影響，這些特殊費用項目對營業利潤
產生影響，但不包括在上表中，概述如下：

	核心 持續項目	被中止 持續項目	中止	總計
流動資產減記	(4.9)	**(69.9)**	–	(74.8)
紛爭仲裁	(6.7)	–	–	(6.7)
投資減記	–	(19.5)	–	(19.5)
合約重新談判相關顧問費	(8.0)	–	–	(8.0)
戰略審查與重組費用	(3.7)	–	(0.9)	(4.6)
	(23.3)	(89.4)	(0.9)	(113.6)
出售附屬公司的虧損	–	–	(7.9)	(7.9)
總計（稅前）	**(23.3)**	**(89.4)**	**(8.8)**	**(121.5)**
稅項	2.4	8.8	0.1	11.3
總計（稅後）	**(20.9)**	**(80.6)**	**(8.7)**	**(110.2)**

資料來源：2002 年 Amey 年報

建設項目的價值減記

合資企業的價值減記，主要來自克羅伊登區輕軌電車系統

　　艾瑞克·崔西的到來只是加速了 Amey 的倒閉。2002 年
Amey 年報的摘錄（如上圖所示）詳細列出了艾瑞克·崔西
整理的特殊項目，這份摘錄調整了 2001 年 Amey 年報中許多
明顯誇大的資產。艾瑞克·崔西只是將帳目中的錯誤導正罷
了。

冰山原則反過來也成立

在鑑識會計的世界中，有一個術語叫做冰山原則，指的是當你在仔細檢查公司的年報時，只要發現一項會計問題，就會察覺到其他會計詭計。就像是一座冰山一樣，你只能看到問題的尖端，因為大部分仍然隱藏在水平面以下，但是一項會計問題應該就足以警告你要轉向。然而，Amey 的狀況則是冰山原則的相反，因為大部分的會計問題都明顯到令每個人有目共睹。

讓我列出 2001 年 Amey 年報中的一些問題：

- Amey 為了更保守地計算合資企業的收入，而重申了 2000 年的營運成果，先前提報的利潤因而減少了 1,490 萬英鎊。

- Amey 改變了針對合約前成本的會計政策，使其不再資本化損益表上的支出，先前提報的利潤因此減少 700 萬至 800 萬英鎊。

- Amey 還重申了 1999 年的營運成果，以便解釋當年產生且被確認的投標成本。

- Amey 持續將退休基金資產變成負債——這聽起來很熟悉。

- 儘管債務增加和股票發行部分掩蓋了這一點，Amey 的槓桿率很高且現金流很差。
- 有大量的客戶應收帳款都積欠了超過一年以上，這通常是未來會出現問題的跡象。
- Amey 與一些合資單位有不合常理的安排，請見第 156 頁與 JJ Gallagher 的交易。）
- 年報中並不會無法分析 Amey 的核心營運活動，但是年報雖然會提報利潤，卻無法分析合資單位。
- Amey 支付股東的股息並沒有相對應的收益支持，這就是一種無法永續經營的情況。

　　換句話說，到處都有警告訊號。這些問題的任何一項應該都會嚇跑投資人，即使是最投機的投資人也一樣。但令人驚訝的是，明明有這麼多政府機構都和 Amey 有業務往來，但是卻都盲目地從眾。這大概就好像在辦公室電腦早期發展的時候，有一句很有名的話所說的：「不會有人因為買 IBM 電腦而被開除。」然而唯一的問題是，Amey 並不是 IBM。

　　財務重述的結果，將 2000 年的 2,700 萬英鎊的稅前利潤調整為只剩下 600 萬英鎊，而 1999 年的稅前利潤 700 萬英鎊調整為 200 萬英鎊的虧損。投資人或許因為 Amey 重述前

幾年的財務結果，而相信 Amey 將有一致的會計實踐，但事情的發展並非如此。Amey2001 年的年報，引起了一些照理來說會令投資人繼續擔心的問題。

資產品質惡化

附註 19 －應收帳款（單位：千英鎊）

	集團 2001 年	集團重述 2000 年
一年內到期金額貿易應收帳款	102,048	50,645
合約可收回金額	97,946	154,827
附屬公司所欠款項	–	–
公司稅	2,890	–
其他應收帳款	**19,245**	**15,787**
預付款與應計收入	**17,079**	**12,528**
	239,208	233,787
超過一年後到期金額合約應收帳款	**21,600**	–
應計收入	**12,550**	**4,804**
遞延稅項資產：		
- 未動用稅項虧損結轉	9,997	9,460
- 加速資本補貼	1,029	–
- 其他時差撥回	1,383	–
	46,559	14,246

資料來源：2001 年 Amey 年報

	70,474	33,119

從 2000 年到 2001 年，品質低的資產增加了一倍

　　2001 年該公司報告虧損 1,800 萬英鎊,但該年報中的「附註 19 －應收帳款」（見左頁）顯示了最重要的問題:資產品質惡化。2000 年至 2001 年期間,長期應收帳款和應計收入金額成長了一倍,這是一個未來可能會出問題的跡象。Amey 將這些資產相關的收入計入損益表中,卻不預期會在一年後收到大部分現金。

附註 17 －合資企業投資（單位:千英鎊）

	2001 年	2000 年
合資企業未償還金額		
合資企業貸款:		
3ED Glasgow 有限公司	6,644	923
Tramtrack Croydon 有限公司	3,858	1,016
	10,502	1,939

在該年,本集團與 JJ Gallagher Ltd 達成協議,根據協議,該公司同意由本集團在未來的年度,提供服務的採購費用為 **2,000 萬英鎊**。本集團其後同意,該服務的付款將延至五年的期間內支付。

在該年底以來簽署的相關協議中,本集團已初步投資 **800 萬英鎊** 於一家和 JJ Gallagher Ltd 有關的公司,等同該公司價值的 19%,並承諾在五年內依照表現再額外投資最多 **1,200 萬英鎊**。若是和 JJ Gallagher Ltd 有進一步的協議,本集團可能會進行額外投資。

資料來源:2001 年 Amey 年報

800 萬英鎊＋1,200 萬英鎊
＝2,000 萬英鎊

錢在原地繞圈圈

如果上述的所有情況仍然不夠說服投資人，那麼「附註17－合資企業投資」（如上一頁）應該可以激發投資人想要更進一步了解 Amey 到底在搞什麼。

這項附註表示，Amey 同意將會向私營的建築公司 JJ Gallagher 提供 2,000 萬英鎊的服務。然後，在 2001 年年底之後，Amey 同意向 JJ Gallagher 投資 2,000 萬英鎊。這樣看起來，Amey 投資於 JJ Gallagher 的資金繞了一圈，最終還是成為了 Amey 帳目中的銷售額。

2002 年 Amey 年報中以特殊項目認列資產減記，這應該不會讓任何看過 2001 年 Amey 年報的人，或是那些好奇其合資企業在倫敦郊區的克羅伊登和溫布頓之間的輕軌電車營運狀況到底怎麼樣（幾乎沒有人付車票）的人太驚訝。

由於債務已經很龐大，Amey 需要更多現金來買回它在 Tube Lines 的 6,000 萬英鎊股權，Tube Lines 負責管理一些倫敦地鐵的基礎設施。此時，專門從事交通基礎設施的西班牙跨國公司 Ferrovial 登場，以 32 便士的價格出價收購 Amey，以及急需現金購回的 Amey 在 Tube Lines 的股權，所以 Amey 現在歸 Ferrovial 所有。

學到的教訓

　　應計收入、預付款和長期應收帳款大幅增加，甚至超過了上一年的水平，這是任何讀了 2001 年 Amey 年報的人都應該關注的重大問題。臨時財務總監艾瑞克‧崔西對這些資產的水平顯然不滿意，並將其大部分價值進行減記。根據紀錄，2002 年 Amey 的虧損是 1.29 億英鎊，但是 2003 年則增加到 2.24 億英鎊。任何人只要願意，都可以看見問題就清楚地寫在 2001 年 Amey 的年報中。

Capita

從高品質到低品質

　　Capita 提供商務流程服務和綜合支援服務，其中許多是為政府組織提供服務。例如，它為倫敦交通局營運交通擁擠稅的業務。Capita 曾經憑著 2015 年在股票市場的估值 88 億英鎊，成為股票市場的寵兒，並且被視為一家高品質的公司，但現在已不復當年了。和許多外包公司一樣，一系列盈利預警降低了股東們對 Capita 未來的期待，他們不得不從 7 億英

鎊的配股中放棄公司，而股息現在像是被丟到水溝中一樣。

　　Capita 於 1989 年以僅僅 800 萬英鎊的價格出現在未上市證券市場（Unlisted Securities Markets，簡稱 USM，是 AIM 的前身）上，主導上市的是當時的財務總監保羅·品達爾（Paul Pindar），一位剛獲得資格但自信滿滿的年輕會計師和風險投資人，以及羅德·艾爾德里奇（Rod Aldridge），他後來因為被揭露借出 100 萬英鎊給工黨而辭去董事長的職務。Capita 在 2015 年達到頂峰時價值數十億，聘僱了 75,000 名員工在 500 個地點工作。該公司當時成功地將非核心業務外包給他人，以滿足政府和業界貪得無厭的需求，並專注於他們認為最擅長的事情。與此同時，主要因為收購的關係，其借款開始增加，這代表著需要留心重要的銀行契約。在 Capita 的股價於 2016 年開始暴跌之前的年報就顯示了當前資產品質正在快速下降，這就是 Capita 這個據稱是高品質的股市寵兒未來會有麻煩的警訊。

首次盈利警訊

　　在 2016 年初，Capita 的一切都非常順利。它繼續從外包私營公司和公部門組織中像是業務處理和 IT 等非核心工作

這股趨勢獲利。這些股票也受到高度評價，而且交易價格昂貴，這真的很令人驚訝，因為 Capita 近期在與投資人溝通時，更傾向於聚焦在「基本利潤」，而不是實際提報的利潤。至於在獲得「基本利潤」時，該公司傾向於排除以下項目：那些不太順利的合約的預備金；工廠和設備減記；專業服務費用；和處分不良業務活動的損失，所有這些大概都是為了讓公司的利潤更好看。許多人會說這類的成本是經常性發生，因此應該被包含在「基本利潤」中；但也有其他人不同意此觀點，這大概就是為什麼儘管已經出現了各種經典的警告訊號，這些人仍競逐 Capita 的股票並給予該公司如此高的評價。

　　然後在 2016 年下半年，該公司連續發布了兩次盈利預警。正如下頁的股價圖所示，第一次出現在 2016 年 9 月下旬，這就好像一台公車撞進倫敦股市對該公司一整年獲利的期待當中。Capita 的股票在接下來的一個月損失了近 40％的價值。該公司將此怪罪於客戶的決策延遲、外包客戶業務普遍性放緩，以及與倫敦交通擁擠稅合約所產生的一次性費用。在 2016 年底，Capita 的 IT 服務部門被列為另一項問題，原本 2016 年的預期「基本利潤」為 6.15 億英鎊，但最後只提報了 4.75 億英鎊。而實際報告的利潤並不多，只有 7,500萬英鎊，這還不到所謂「基本利潤」的六分之一。2018 年 1

月，來自工程項目管理公司 Amec Foster Wheeler 的強納森·
路易斯（Jonathan Lewis）被任命為執行長，他再次警告利潤
將低於已經調降過的預期利潤。投資人應該都看到盈利預警
了吧？

Capita 股價跌至 20 年新低點

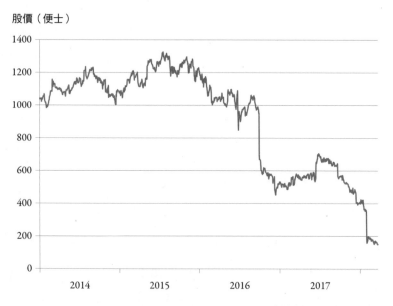

股價（便士）

資料來源：Datastream

附註 18 －貿易與其他應收帳款（摘錄，單位：百萬英鎊）

流動	2015 年	2014 年
貿易應收帳款	412.4	449.5
其他應收帳款	21.3	22.0
建築合約客戶應付總額	39.3	48.2
應計收入	**411.5**	361.7
預付款	**127.4**	106.7
	1,011.9	988.1

非流動	2015 年	2014 年
其他應收帳款	13.0	8.0
應計收入	**41.7**	44.4
預付款	**31.4**	21.1
	86.1	73.5

資料來源：2015 年 Capita 年報

應計收入與預付款就占了貿易與其他應收帳款的 56%

　　從那以後，Capita 暫停了股息發放，新任 CEO 的目標是減少公司業務的擴散，以便更加專注、降低複雜性。為了再融資，Capita 用折扣價發行新股籌集了 7 億英鎊。儘管是一家明顯有財務風險的公司，但英國國防部仍在 2018 年向 Capita 授予了 5 億英鎊的合約，合約內容主要是在基地的消防和救援服務。

附註 19 －貿易與其他應收帳款（摘錄，單位：百萬英鎊）

流動	2010 年	2009 年
貿易應收帳款	385.6	308.1
其他應收帳款	23.7	27.8
建築合約客戶應付總額	20.3	25.4
應計收入	**215.0**	168.4
預付款	**59.6**	47.2
	704.2	576.9

非流動	2010 年	2009 年
其他應收帳款	25.4	20.3
應計收入	**31.1**	35.4
預付款	**10.3**	6.1
	66.8	61.8

資料來源：2010 年 Capita 年報

應計收入與預付款就占了貿易與其他應收帳款的 41%

警告訊號

在 2015 年，也就是 Capita 股價崩盤前一年所公布的年報中，我們可以從資產負債表的資產品質中發現警告訊號。在分析公司年報中的帳目時，請記住一句格言：**現金是事實，其他一切都只是意見**。對於審計師而言，有一些資產是易於估值的，像是現金；而有一些資產是不容易估值的，例如商

譽就需要管理團隊的保證和預測，而這些資產的估值通常並不可靠。

正如我們已經知道的，應計收入的金額是另一項難以審計的項目，特別是高額的應計收入更應仔細研究，因為它們對利潤會有很大的影響。

在 2015 年 Capita 年報中「附註 18 －貿易與其他應收帳款」（參閱第 161 頁）就需要特別檢查，因為在這裡我們可以看到應計收入和預付款的金額，和五年前相比大幅地增加（參閱第 162 頁「附註 19 －貿易與其他應收帳款」）。

2010 年的應計收入和預付款占貿易和其他應收款的41％；到了 2015 年時上升至 56％——其價值增加了 94％。2015 年時，應計收入幾乎與貿易應收帳款本身金額一樣大。這是一筆非常龐大的數字，也是另一個值得進一步檢查的原因。

在這邊必須要提到，美國的公司在資產負債表中顯示其現有資產的方式很值得我們借鏡。它們按變現性的順序呈現，也就是依照最容易轉換為現金的順序排序。因此，現金先出現，然後是有價證券、應收帳款、庫存，最後是預付款和應計收入，像這樣按照資產的質量排序。如果是這樣呈現，低品質資產的價值上升，就應該被視為明顯的警訊，代

表 Capita 的營運狀況並不像以前那麼好。此外,這也指出 Capita 在資產的認定上不夠嚴謹,並且在現金回收上將會有更多風險。

學到的教訓

資產負債表可能是查閱公司財務報表時最重要的部分,因為壞消息往往會被埋沒於此。然而,大家對資產負債表中資產的質量,以及其如何隨著時間而變化往往關注不足。流動資產顯然並非完全相同,但是令我震驚的是,如果有人對 Capita 這段時間的變化更加關注,就會提出正確的問題,而許多投資人就可以在股價開始下跌之前先逃跑了。

在對銀行資產的分析中,英國政府的債券被認為是優質資產,而垃圾債券,即對低信用評分公司的貸款是劣質資產。因此,對於流動資產而言,最好是擁有現金,或者,如果沒有,那麼已開立發票的貿易應收帳款比預付款或應計收入好,因為現金等價物和發票應收帳款通常更容易轉換為現金。Capita 的應計收入餘額迅速上升就是一個警告;而公司繼續把重點放在「基本利潤」,卻忽略了要達到公司實際利潤時所需的成本,也是一個警訊。可悲的是,Capita 不是唯

一一家這樣做的公司。

Carillion

忙碌的傻瓜

　　Carillion 是一家忙碌的公司。它建造了倫敦希斯洛機場部分第五航站、皇家歌劇院、利物浦足球俱樂部體育場擴建和多倫多車站。因為這類有聲望的合約，與一些非常重要的收購，Carillion 的銷售額在十年間從 40 億英鎊成長到 2016 年的 52 億英鎊。但 Carillion 也非常愚笨，因為決定股價表現的關鍵因素並不是銷售，而是隨著時間成長的收入或利潤。雖然銷售額增加，但 Carillion 的每股收益幾乎靜止不動，且債務在這十年間明顯增加。不用說，身為英國政府最喜歡的建築和支援服務公司，Carillion 的價值幾乎在同一時間跌至谷底，俗話說得好，「銷售額是虛榮，利潤是理智」！雖然 Carillion 在 2017 年中的大規模盈利預警造成了其大部分的損失，但該公司的股票在此之前就一直持續表現不佳。儘管陷入困境的公司經常選擇進入被接管的程序，讓公司在拋售資產和業務，以及營運的終結可以更加有序，但是 Carillion 在

2018 年 1 月的情況非常慘澹，因此未能獲得銀行的進一步融資，別無選擇，只能將公司清算。

Carillion 於 1999 年從大型的整合建築公司 Tarmac 分拆出來，之後開始進行收購，主要的收購包括 John Mowlem（3.5 億英鎊）、Alfred McAlpine（5.54 億英鎊）和 Eaga（2.98 億英鎊）。Carillion 董事會真正想要買的是提供支援服務的公司，這樣他們就可以將此服務納入維運英國軍事基地，與維護英國鐵路公司軌道這兩筆賺錢的交易之中。但每當銀行和股東允許 Carillion 打開支票簿時，他們買到的建設服務總是比預期的多。Alfred McAlpine 和 Mowlem 這兩項收購就證明了這一點。同時，可再生能源專家和支援服務公司 Eaga，在英國政府削減對太陽能電池板的補貼時，其存在的理由幾乎在收購時就消失了。在 2014 年，可能是為了掩飾已經出現的裂縫，Carillion 試著進行該公司迄今最大的一筆交易——與另一家建築龍頭 Balfour Beatty 的合併，但這次合併被 Balfour Beatty 的董事會迅速地拒絕，因為 Carillion 的收購策略是一場災難。

在 2017 年時，Carillion 的建設服務由於以下列出的一系列原因，以及四份關鍵且具挑戰性之建設合約預期損失的 8.45 億英鎊鉅額減損準備金（這四份合約為：在英國伯明罕附近斯梅西克區的中部大都會醫院、皇家利物浦醫院、蘇格

蘭亞伯丁區的道路開發，與卡達首都杜哈的一項大型合約）
導致了所有的問題。Carillion 還有一筆額外增加的 2 億英鎊
準備金，用在成效不佳的支援服務合約上。因此，股價的反
應是可以預期的，而最高管理團隊也發生了重大改變，執行
長里查・霍森匆忙離職，財務總監扎法爾・汗隨後不久也離
職。之前的財務總監里查・亞當也在 2016 年底迅速逃離了。
儘管英國知名偉爾集團（Weir Group）的執行長凱思・科赫
雷臨時被任命為 Carillion 的執行長，仍然無法阻止 Carillion
脫軌並於 2018 年 1 月破產。

釐清一長串的問題……

在截至 2016 年的十年之間，Carillion 的每股收益沒有成
長，但債務卻大幅增加。意識到建設服務和支援服務的帳目
需要 10 億英鎊的準備金後，臨時執行長凱思・科赫雷列了
一份 Carillion 需要解決的問題清單。以下項目不分順序：

- 合約太複雜了。

- 管理層級太多，有太多人被雇用卻沒有貢獻。

- 聚焦在短期營運。

- 有太多干擾的數據，以致管理團隊見樹不見林。

股價一直沒有成長，最終脫軌

股價（便士）

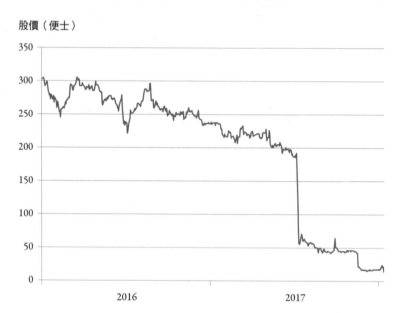

資料來源：Datastream

- 有太多流動性不佳的營運開銷。

- 有太多沒有利潤的合約。

- 集團盈利來自一次性專案，例如處理民間融資提案。

- 新合約的動員成本太高。

- 對沒有利潤的合約進行過多競標，且負現金流的時間往往過久。

- 缺乏財務責任與專業觀念。

- 合約的執行通常仰賴第三方單位，因此難以控管。
- 客戶索賠管理不善，重工破壞合約利潤率。

這份清單將 Carillion 指責的一文不值，也許唯一的驚喜就是該公司並沒有像許多人預期的那樣早點破產。

但是警告訊號一直都在……

我也在此列出警訊：

- 有時賣空者會判斷錯誤，但如果公司股票中存在大量賣空股票，就是一個警告訊號。Carillion 就有這樣的狀況。
- Carillion 進行了一些大型收購，但這些收購未能實現正向的盈利增長。
- 債務增加，期間內的平均債務總是高於年末公告的債務。一些債務被神秘地隱藏在資產負債表的「其他應付款項」中。這是早期支付營運設備所產生的債務，讓分包商可以因此收取費用。
- 退休基金的赤字迅速成長。

貿易與其他應收帳款（2011 年至 2016 年，單位：百萬英鎊）

	2016	2015	2014	2013	2012	2011	2011-16 的差異
貿易應收帳款	229.5	253.1	242.1	219.7	236.1	282.7	-19%
建築合約欠款	614.5	386.8	437.7	386.0	343.6	321.5	+91%
其他應收帳款	749.5	550.1	511.4	482.3	412.4	350.5	+114%
合資企業欠款	59.9	59.6	128.7	108.8	107.7	128.5	-53%
聯合控制業務欠款	10.6	21.2	5.5	15.5	8.9	11.4	-7%
應收帳款總額	1,664.0	1,270.8	1,325.4	1,212.3	1,108.7	1,094.6	+52%
支援服務銷售	3,025.7	2,727.0	2,486.4	2,537.8	2,647.4	3,019.0	0%
建築服務銷售	2,188.5	1,859.9	1,585.5	1,543.1	1,755.4	2,032.2	+8%
銷售總額	5,214.2	4,586.9	4,071.9	4,080.9	4,402.8	5,051.2	+3%
貿易應收款占總額百分比	14%	20%	18%	18%	21%	26%	
其他應收款占總額百分比	45%	43%	39%	40%	37%	32%	
建築合約欠款占總額百分比	37%	30%	33%	32%	31%	29%	
其他應收帳款和建築額占總額百分比	82%	74%	72%	72%	68%	61%	
付款給 Carillion 所需天數	112	95	107	97	82	69	

品質較低的資產明顯增加

已開具發票的應收帳款下降

5 年內幾乎沒有成長

較低品質的應收帳款於 1 年內增加 70%

客戶付款給 Carillion 的速度越來越慢

資料來源：2011 ～ 2016 年 Carillion 年報

　　但 Carillion 營運惡化的真正線索，是其資產負債表品質的惡化，特別是在流動資產的部分。在 Carillion 近期的年報中，尤其是 2016 年的，這點特別明顯。

　　讓我提出以下幾點。儘管在 Carillion 破產前的五年內銷售額是成長的，但貿易應收帳款中顯示的發票金額卻在下降。貿易應收帳款，也就是已完成工作的發票金額被視為優質流動資產，最好是和銷售額一致地成長。再來，表現差的流動資產正在增加，其中包括了畢馬威會計師事務所（Carillion 位於伯明罕的審計單位）都難以核對的餘額。這些和所欠的金額是否可以獲得令人滿意和可信的管理保證有關，例如複雜的醫院合約和亞伯丁道路開發案。同時，包括預付款項和應計收入的其他應收款項，在截至 2016 年的五年間驚人的成長了 114%，而同期的銷售額僅成長了 3%。

　　Carillion 的會計處理（也或許是它拓展業務的方式）顯然發生了很大的變化，而這些變化並不樂觀。建設合約的欠款上升了 91%，但同期建設的銷售額僅成長 8%。審計師難以核實這些金額（包括主觀利潤）。然而，透過對年報的簡單分析告訴我們，Carillion 需要更長的時間才能從客戶端收到報酬，這顯示 Carillion 可能正在與客戶公司爭吵他們所欠的錢。現在我們已經知道的情況就是這樣。總而言之，較低

品質的資產，例如建設案所欠款項和預付款，占流動資產的比例越來越大。這是令人憂心的跡象，也應該要有所作為。Carillion 當然這樣做了！

2017 年中，Carillion 公布消息稱未完成的建造工程和支援服務合約需要 10 億英鎊準備金。然而在僅僅三個月前，也就是 2017 年 3 月 1 日，審計師才簽核了這些合約和應收帳款的價值為 16 億英鎊。現在，它們的價值明顯減少了 60％，需要調整 10 億英鎊。情況為什麼會變化得這麼快？在 2018 年 1 月任命清算人之後，英國財務匯報局宣布正在調查 Carillion 的兩位前財務總監里查‧亞當和扎法爾‧汗，以及該公司 2014 年至 2017 年間的審計單位畢馬威會計師事務所的審計作業。合約會計、逆向應收帳款承購、退休金、商譽和持續經營狀況審計評估都是特別被調查的項目，因為從 2016 年 Carillion 的年報，以及先前的年報中都可以看出其中可能存在問題。畢馬威則表示已對 Carillion 進行了「適當和負責任的」審計，並在 2017 年夏季揭露了公司財務狀況的不足。

學到的教訓

　　Carillion 急速成長的債務，所需支付的現金包含在貿易應收帳款、應計收入和建築合約欠款中。評估其可收回性是一項重要的分析。如同第 170 頁的分析顯示，Carillion 的劣質流動資產正在快速成長，因此償還債務將變得更加困難，而這就是一個警訊，警告投資人應該要避開其股票。2016 年的情況尤其如此，雖然當時銷售額成長了 14％，但建築合約的欠款和其他應收帳款成長了 46％，這些數字與銷售成長嚴重脫節，反映出這些款項的可收回性可能存在著問題。當然，它們確實有問題。

信用緊縮

第七章

不該忽視壞帳

　　任何人都可以借錢，難就難在如何把錢拿回來。英國北岩銀行和信貸銀行 Cattles 的董事長，在這兩家公司的股票價值暴跌到不值錢之前，都聲稱他們的業務表現良好，而這兩家都是提供融資給消費者的公司。顯然，在 2009 年 4 月，從產量高的活庫存轉為呆滯存貨之前，Cattles 的「成功」主要歸功於「強健的信用品質」。同樣的脈絡，北岩銀行的董事長表示，公司「使用策略（……）透過信用品質來獎勵股東和客戶」。對於 Cattles 來說，沒有什麼比這更真實了：2009 年新組成的管理團隊進行了一項審查，顯示該公司在2007 年實際上並未達到報告的 1.65 億英鎊利潤，而是損失了 9,600 萬英鎊。原訂的還款或壞帳準備金完全不足。

　　提供抵押貸款的北岩銀行也有類似的問題，只要粗略看一下資產負債表，就會發現北岩銀行自己的貸款或壞帳準備金也完全不足。如果你以投資人的角度注意到這點，你可能會在 2008 年 9 月批發銀行市場凍結之前，拋售你的股票——

北岩銀行自己的融資能力和成長性只是雪上加霜。你看，壞帳很重要。

雖然北岩銀行在 2006 年給客戶的貸款額度增加了 23%，成長至接近 850 億英鎊，但其壞帳準備金幾乎沒有調整。Cattles 的情況也幾乎相同，儘管未償還的貸款額度增加了 38%，但其 2007 年的壞帳準備金實際上卻比去年少。至少可以說，這些都是異常現象，足以視為不該買這兩家公司股票的理由。

對於像 Cattles 和北岩銀行這樣提供貸款的公司，貸款損失或壞帳的準備金是審計師要清楚了解公司營運數據的關鍵數字，因為這兩個項目會影響資產負債表中未償還貸款的價值是否被正確陳述。這需要大量的判斷力，而且利潤就取決於此。

在 Cattles 和北岩銀行的年代，準備金會以貸款的帳齡分析和一般準備金為主進行撥備，所以審計時需要和管理團隊進行大量的討論，才能夠對該金額足夠與否產生結論。和以前採用了大量的主觀性判斷相比，現在採用的是更客觀的方法。如果有客觀證據證明一組金融資產發生減損，就必須在損益表中予以確認。虧損是帳面價值與按有效利率折現的預期現金流量現值之間的差額，通常是公司的資本成本。由於

目前的財務報告標準對於貸款損失和壞帳準備金的計算方式更為嚴格，因此不太可能再發生像這兩家放款公司因為主觀性而導致準備金不足和誇大利潤的狀況。

北岩銀行

不是建在花崗岩上，而是建在沙上

在北岩銀行之前的最後一次英國銀行擠兌，發生在1866年，當時被稱為「銀行家的銀行」的奧弗倫格尼公司（Overend, Gurney and Company）因為改變了其商業模式，從折扣匯票轉為風險越來越高的貸款而陷入困境，存款人圍住公司位於倫敦朗伯德街 65 號的總部。英國在當時沒有像金融行為監管局和審慎管理局這樣的金融監管機構可以提供幫助，而在貸款沖銷後，英國中央的英格蘭銀行也未介入，奧弗倫格尼公司因而無法將錢還給存款人。除了倫敦辦公室，恐慌也在利物浦、曼徹斯特、諾里奇、德比和布里斯托蔓延開來。聽起來很熟悉對嗎？

北岩始於渺小的起步。它的前身是建築貸款協會，於1997 年 10 月轉變為公司，並在倫敦證券交易所上市成為英

國第四大銀行，專門提供各種貸款。它在英國東北部扮演了重要的角色，特別是為當地的慈善事業貢獻了大約 2.3 億英鎊。它還贊助了新堡聯合足球俱樂部。北岩銀行聘用了近 6,000 名全職和兼職員工；此外，身為記者與作家的麥特‧里德利（Matt Ridley）於 1994 年加入董事會，並於 2004 年，在他的父親里德利子爵下台不久後開始接任主席的職位。維持家族管理對北岩銀行並沒有助益。北岩銀行在 2007 年毀滅之前的五年裡，它的資產成長率達到了 25％的複合成長率，利潤也以每年 18％的速度成長；在其最高股價 12.51 英鎊時的市值超過 60 億英鎊。一直到 2007 年上半年，它都是英國最大的抵押貸款機構。北岩曾是英國東北部泰恩賽德人的驕傲。

　　但是在奧弗倫格尼公司倒閉 141 年之後，2007 年 9 月 14 日，北岩向英格蘭銀行尋求財務協助，頓時又有一股恐慌從北岩的倫敦摩爾門辦事處外蔓延至英國各地，特別是東北部。

沙子不是花崗岩

　　北岩銀行沒有使用黏性客戶存款作為其貸款成長的資

金，而是採用了完全不同的資金模式，由其他銀行在短期內
向其提供貸款。它還靠著名為「花崗岩」的特殊目的機構
（special purpose vehicle，簡稱 SPV）出售不動產抵押貸款證
券。但是，當批發銀行市場（即一家銀行向另一家銀行貸款）
停止與北岩交易，且不動產抵押貸款證券的流動性耗盡時，
這種新穎的融資策略即無法運作。流動性總是會觸發擠兌，
北岩銀行也不例外。北岩不是建立在由大量小型儲戶所組成
的花崗岩上，而是在批發銀行市場的沙子上，這是一種更加
善變的資金來源。由於這種弱點，北岩銀行在金融危機中崩
盤的程度遠超過其他銀行。

　　由於北岩銀行的資金來源是這樣的狀況，只能由英國財
政部承擔這一缺口，英國財政部注入了 370 億英鎊，使北岩
得以維持一段時間，讓存款人可以取走現金，並為北岩的一
般業務提供資金。當然，股東們什麼都沒有得到。但其實在
2006 年北岩銀行的年報中，就有明顯的跡象顯示這是一檔高
風險的股票（如下一頁的股價圖所示）。

　　對於知情人士和了解北岩商業模式的人而言，恐慌就
該發生在政府援助的前一個月，因為當時美國次級不動產
抵押貸款證券的流動性枯竭，法國的法國巴黎銀行（BNP
Paribas）即凍結了和美國不動產抵押貸款證券有關的資金提

股價跌至谷底

股價（便士）

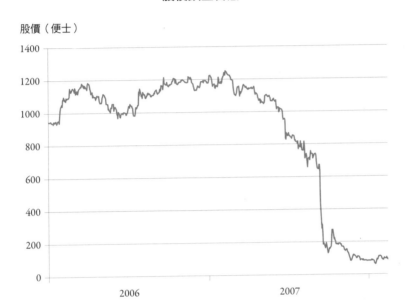

資料來源：Datastream

款。北岩銀行在一定程度上依賴「花崗岩」出售類似的英國不動產抵押貸款證券，神奇地將超過二十五年之長期抵押貸款的預期現金流量，轉換為北岩集團現在的現金流，再出借給潛在的購屋者，為其提供成長所需的資金。然而，由於不動產抵押貸款證券在次級市場的流動性已枯竭，北岩銀行融資模式中重要的部分因此破滅，一切都完了。

　　此外，在 2007 年的大部分時間裡，由於北岩銀行疲弱

的貸款帳目，其他銀行越來越不願意借貸，北岩銀行也因此發現自己難以繼續在批發銀行市場上借款。這些原本可能為北岩提供短期貸款的銀行，在看到北岩以抵押物的 125% 價值為客戶提供貸款抵押後，認為其具有過高的風險——它們是正確的。

諷刺的是，存款人爭先恐後地拿回現金，而股東則一無所有，它的失敗是有目共睹的，但截至今日，政府看起來幾乎已從所有援助北岩銀行的行為中恢復。有些人會說這不公平，但任何一位股東都應該知道，他們在公司破產時往往是排在啄食階層順序的最後面。

流動比率

任何會計師新鮮人都會告訴你，有很多方法可以檢測一家公司的償付能力。其中一種方法是計算流動比率——衡量公司（順便說一下，還包括銀行）用流動資產償還流動負債能力的基本流動性比率。這真的很簡單。以北岩銀行來說，就是試著將可以在 12 個月內轉換為現金的流動資產（例如對其他銀行和客戶的貸款），除以可在 12 個月內償還的流動負債（例如客戶存款和其他銀行的貸款）。普通公司的

經驗法則是，這個數字應該超過 1.0，這意味著該公司沒有流動性的問題。但在 2006 年北岩的年報中，「附註 37 －財務風險管理」（見下一頁）指出其流動比率為 0.27，顯示在普通標準的分析中即存在著償付能力問題。這個數字甚至強調了這一個任何人都看得出來的「流動性缺口」。

　　現在，一定會有一些讀者感到不滿，說銀行總是借入短期借貸，然後借出長期貸款。北岩銀行在這一點上做到了極致，它未能吸引大量「黏性」（即可靠且持久的）零售客戶存款，而是依靠少數幾家銀行來支持其雄心勃勃的成長計畫。在 2006 年，剛好在銀行擠兌之前，北岩銀行只有 27％的外部資金來自黏性零售客戶存款。後來，維珍金融（Virgin Money）從英國政府手中收購了北岩銀行的業務。現在的維珍金融有 85％的外部資金來自黏性零售客戶存款，幾乎沒有任何外部資金是來自批發銀行市場——這才是更具有償付能力的配置。在針對北岩銀行管理團隊提出的許多批評當中，其中一項最主要的批評就是它應該以增加客戶存款帳戶的業務，來實現其野心勃勃的成長計畫。

附註 37 —財務風險管理（摘錄，單位：百萬英鎊）

下表根據資產負債表上，截至合約到期日的剩餘期間，將本集團的資產和負債依相關的到期分類進行分析。金額依照向客戶提供的貸款和應收款項的金額呈現，包括避險投資組合的公允價值調整。

2006 年	3 個月內	3 個月後到 6 個月內	6 個月後到 1 年內	1 年後到 5 年內	5 年後	總計
資產						
現金與中央銀行結餘	876.3	–	–	–	79.7	956.0
衍生金融工具	100.8	83.5	84.1	471.6	131.3	871.3
銀行的各項貸款	5,483.8	122.5	15.0	–	–	5,621.3
客戶的各項貸款	900.1	593.3	1,175.6	11,319.8	72,372.9	86,361.7
證券投資	864.6	139.5	587.3	1,947.4	3,091.6	6,630.4
其他資產	110.3	12.1	23.1	108.4	316.0	569.9
資產總額	8,335.9	950.9	1,885.1	13,847.2	75,991.5	101,010.6
負債						
銀行存款	1,823.8	88.4	53.0	137.3	33.7	2,136.2
客戶帳戶	19,598.5	1,680.6	3,689.7	1,898.8	–	26,867.6
衍生金融工具	485.1	143.9	355.6	1,111.3	296.6	2,392.5
已發行債務證券	10,989.7	621.4	1,430.0	7,000.2	44,253.0	64,294.3
次級債務	–	–	–	–	762.4	762.4
第一級票券	–	–	–	–	209.4	209.4
其他負債	803.6	191.1	93.0	16.0	33.9	1,137.6
負債總額	33,700.7	2,725.4	5,621.3	10,163.6	45,589.0	97,800.0
淨流動性缺口	(25,364.8)	(1,774.5)	(3,736.2)	3,683.6	30,402.5	3,210.6

$$\frac{流動資產}{流動負債} = \frac{11,171}{42,047} = 0.27$$

超過一年流動性缺口 308 億英鎊

黏性零售客戶存款只占資金的 27%

資料來源：2006 年北岩銀行年報

有缺失的減損準備

2006 年時，北岩銀行向客戶提供的貸款增加了 23％達到 864 億英鎊，這是非常高的額度。令人好奇的是，2006 年北岩銀行年報中的「附註 8 －貸款減損損失」僅上升了 1％。這是減損準備受損的明確訊號。有什麼原因可能導致 2006年的貸款帳目品質比 2005 年好？北岩銀行的財務總監戴夫·瓊斯（Dave Jones）、副執行長大衛·巴克（David Barker）和信貸管理員理查·巴克來（Richard Barclay）隨後因為未確實報告抵押貸款欠款和可收回款項而被英國金融服務局罰款且都被懲處嚴格的工作限制。但是很明顯地，北岩並不是因為其貸款帳面上的減損準備缺失而破產的，儘管這點本身就足以警示投資人要避免其股票。

2006 年北岩銀行年報顯示，對其股票的投資並非沒有風險，因為北岩靠的是其他銀行的商譽。但即使是當時的監管機構英國金融服務局也承認在監管這家「具有高度影響力的公司」時有缺失。最慘的是，它未能發現北岩銀行業務模式的基本弱點，也就是越來越依賴銀行間的借貸，而借貸程度取決於放款單位對北岩銀行正在做的貸款業務是否感到滿意。顯然，125％的抵押貸款在當時也不像新堡布朗啤酒

（Newcastle Brown）那樣受到所有英國人的喜愛。

附註 8 －貸款減損損失（摘錄，單位：百萬英鎊）

	住宅物業的擔保貸款	其他擔保貸款	無擔保貸款	總計
在 2006 年 1 月 1 日	32.5	4.7	87.1	**124.3**
損益表：				
年內淨收回撥備增加	6.4	2.2	72.6	81.2
年內註銷金額	(13.8)	–	(69.0)	(82.8)
折現重新結算	1.1	0.5	1.7	3.3
在 2006 年 12 月 31 日	26.2	7.4	92.4	**126.0**

資料來源：2006 年北岩銀行年報

儘管 2006 年各項貸款增加 23% 至 864 億英鎊，但減損準備幾乎沒有變化

學到的教訓

雖然像北岩這樣複雜的貸款業務，使用流動比率等非常基礎的財務分析可能過於簡單，但在這裡使用它就突顯了管理團隊可能掩蓋了一些問題。然而不管怎麼看，308 億英鎊的流動性缺口是一項嚴重的警告訊號，照理說不應該有這麼多人很快地就將此問題拋到腦後。從那段期間一直到金融危機爆發，英國金融服務局一直在監測獨立投資銀行分析師的

建議，而在擠兌發生之前，英國金融監管局在對北岩的監管報告中指出「市場分析師普遍看好北岩及其策略」。

該分析顯示「分析師認為北岩股價的前景，比其他零售銀行的前景更為樂觀」。瑞士信貸（Credit Suisse）的分析師是唯一一個長期不看好北岩銀行的人，而北岩銀行破產的實際原因也並非該分析師當時所提出的負面意見。無論如何，包括監管機構在內的大多數評論單位，似乎都對以批發銀行市場為主的融資策略感到滿意。但是，簡單的流動比率分析就可以糾正錯誤，或者至少發現問題：北岩的融資過於兩極化且風險太大。還有，貸款的減損準備明顯有缺失，光是這點就足以警示投資人要避開這支股票。

Cattles

從活庫存到股票已死

2009 年 Cattles 的股票被暫停時，股東的價值損失了約 13 億英鎊。儘管公司董事會中有一群愜意的會計師和銀行家，但即使是他們，也無法阻止這家民間高利貸業者的股價在金融危機時宛如自由落體直線下降。Cattles 由約瑟夫・凱

托（Joseph Cattle）於 1927 年在英國赫爾成立，最一開始是一家布店，後來轉為多元化借出少量資金。這些資金每週償還，通常是由某位公司的經紀人上門收債，這些收債經紀人通常來自當地社區，並且和借款家庭相熟。「我們就像早期的保險經紀人[1]一樣，挨家挨戶收取這些家庭原本無法負擔的東西」，Cattles 的前執行長尚恩‧馬宏（Sean Mahon）欣慰地說。我想應該有許多 Cattles 的股東會寧願他們當初投資的是那位「保險經紀人」。精神十足、體型壯碩、愛打橄欖球的尚恩‧馬宏曾經是 Cattles 的老闆，耐人尋味的是，他也是一位特許會計師，還是 Cattles 的審計師的前合夥人——直到他於 2007 年離開以擔任新職位。但實際上他用「保險經紀人」來比喻並不完全正確，因為該公司主要是女性負責上門收債。

如果 Cattles 能夠堅持採取這種登門拜訪式的社區小額融資，搭配適當的控制措施，以及繼續由社區內的女性代表收回借款的話，那麼這間公司可能今天仍然在蓬勃發展。但是，Cattles 卻轉型去做每個月透過轉帳還款的汽車融資和小企業

---

1 此處原文為 the man from Pru。最一開始指的是保誠人壽保險經紀人（The man from Prudential），最後變成此類保險經紀人的通稱。當時的保險經紀人會挨家挨戶上門向中低收入家庭銷售或收取小額保費、支付索賠或提供專業建議。

貸款，而公司在這麼做了以後就無法控制成長了。Cattles 這一家上市的富時 250 指數公司，最後在 2009 年倒閉。創辦人約瑟夫・凱托據說是一位善良而慷慨的人，我想他應該在墳墓中氣到快跳腳了。

　　那些未能指出 Cattles 的主要運營公司 Welcome Finance 貸款帳目減損不足的審計師，在法庭外和公司債權人針對他們的工作疏忽達成和解。他們也被英國財務匯報局罰款 230 萬英鎊。不管公司的管理團隊向審計師提出的貸款帳戶品質的陳述為何，他們僅憑常識就應該知道，Cattles 所參與的積極貸款，必須伴隨著貸款損失準備金的相應增加。此外，Cattles 的財務總監詹姆士・柯爾（James Corr）和他的兩位同事被英國金融服務局罰款，並被禁止執行與英國金融服務局監管相關的任何職位。最後，Cattles 的股價從 404 便士的最高峰跌到失去一切，並造成股東巨大的虧損，相比之下，監管機構對詹姆士・柯爾和他同事的罰款顯得相當微不足道。但是，2007 年的 Cattles 年報，應該已經提供了所有潛在或現任投資人不只一項警訊。

成長、信用品質和效率？

在 2007 年 Cattles 的年報當中，董事長諾曼・布羅德霍斯特（Norman Broadhurst）的聲明就占了幾乎三分之一的篇幅。它用一種毫不費力的、冷漠的、為什麼要這麼麻煩的態度，將 Cattles 的成功歸功於「謹守紀律的貸款成長、穩健的信用品質、營運和財務效率的提升」。有趣的是，就在幾個月前，位於 Cattles 北邊一百英里之外另一間公司的董事長也說了幾乎一樣的話，他也說公司一年來表現傑出，「我們利用成長、成本效益和信用品質來獎勵股東和客戶的策略，持續保持成功」，而那位董事長就是北岩的麥特・里德利。

一年後，新任的董事長瑪格麗特・楊（Margaret Young）不得不在 2008 年的年報中用整整三頁的篇幅來解釋 2007 年的真實情況：根本沒有謹守紀律的貸款成長、信用品質離穩健還有一大段距離、不具有任何營運和財務效率。此外，該公司曾在 2007 年的年報中提前宣告的貸款獲利將增加 25％ 至 1.65 億英鎊，在經由新的管理團隊檢查過後，將其調整為虧損 9,600 萬英鎊。

2007 年，Cattles 最重要的 Welcome Finance 部門因為公司激進的目標，將客戶貸款提升至 14 億英鎊，這和前一年

相比成長了 42%。然而問題就在於其內部控制出現了問題，貸款的對象信用風險也變差了，但是 2007 年最初提報的利潤卻未能反映出這一點，因此雖然給客戶的預付款數量急劇增加，但這些新客戶中許多人無法償還貸款，而這些貸款的原始減損準備偏偏又嚴重不足。由於這樣失控的狀況，高階管理團隊有了很多變化：有六名高階管理者在等待審查結果出來前被停職，並在審查後立即被解僱；集團的風險和財務總監離職；董事長和執行長雙雙為不良後果承擔責任，落在他們自己的劍上。Cattles 最後由銀行家瑪格麗特·楊出手清理爛攤子。

　　2007 年對於 Cattles 而言是可怕的一年，但 2008 年更糟，該公司提報的損失高達 7.45 億英鎊（最初在 2007 年底提報的貸款帳目為 28 億英鎊），這中間一定是有什麼問題才會出現這樣的差距。這一筆鉅額的損失導致了對銀行契約違約，也造成 Cattles 的股票於 2009 年 4 月暫停交易。股東一無所獲。

股價已死

股價（便士）

資料來源：Datastream

有缺失的減損準備

2007 年 Cattles 年報中的警告訊號，是來自未償還貸款的現金流量不足，以及這些貸款的減損準備持續被調降而變得更加不足。被發現實際的壞帳遠遠超過帳目所允許的，只是遲早的問題。而這就是瑪格麗特・楊必須要處理的狀況。

　　Cattles 誇大了 Welcome Finance 在 2006 年和 2007 年借出了多少貸款。一旦知道到年底的未償還貸款，我們就可以很容易地計算借款人支付給 Cattles 的現金金額，而結果看起來不太妙。未償還貸款的分析如下所示，在 2007 年，新增貸款增加了 43％，但未償還貸款也增加了 38％。鑑於客戶在 2007 年的還款僅比 2006 年多了 18％，很明顯信用風險正在上升。那麼，為什麼 2007 年的貸款損失準備金沒有相應的增加呢？

未償還貸款分析（單位：百萬英鎊）

	2007 年	2006 年	變化
Welcome Finance 年初貸款額	1,820	1,439	26%
新貸款額	1,408	988	**43%**
客戶還款額	717	607	**18%**
Welcome Finance 年底貸款額	2,511	1,820	38%

資料來源：2006 年與 2007 年 Cattles 年報

還款與貸款成長速度不一致

　　Cattles 在 2007 年採用的國際財務報告準則第 7 號「金融工具：揭露」（IFRS 7）也告訴我們，客戶不再像過去那樣快速償還貸款（見 193 頁的財務分析圖表 7 和財務分析圖

表 8）。這並不令人驚訝，因為該公司 2007 年的激進貸款只會耗盡可輕易達成目標的良好信用風險客戶，而新的貸款將需要尋找完全不同領域的客戶來源，也就是風險較大的客戶。令人驚訝的是，儘管 2007 年 Welcome Finance 的貸款帳目增加了 38％，但逾期分期付款占貸款總額的百分比卻從 7.4％降至 7.0％。

IFRS7 還揭露了別的事，即拖欠但未減損的貸款，從 2005 年的 8.9％上升到 2007 年的 14.9％；但是 Welcome Finance 的減損準備金水平，卻由 2005 年的 20.0％下降至 2007 年的 14.3％。這些變化會對利潤產生相當大的影響，同時也清楚地顯示了該公司的會計原則不夠謹慎。貸款帳目的減損準備是最重要的審計工作，像這樣大規模的變動會明顯影響利潤，應該被深入檢查。該集團的貸款損失準備或減損準備金，從 2005 年時占貸款總額的 15％，下降至 2007 年的 12％。如果它在 2007 年保持在 15％的占比，那麼 Cattles 所報告的利潤將減少近 1 億英鎊，這很令人無法接受對吧？

財務分析圖表 7：貸款和應收帳款 （單位：百萬英鎊）

	2007	2006	成長 %
Welcome Finance	2,511	1,820	37.9
Shopacheck	101	114	(10.9)
Welcome Financial 服務	2,612	1,934	35.0
The Lewis Group	133	91	46.0
Cattles 發票融資	99	80	23.9
集團	2,844	2,105	35.1

> Welcome Finance 貸款增加 38%，但欠款百分比卻下降

財務分析圖表 8：Welcome Finance 分期欠款 （%）

	2007	2006	2005
傳統會計原則 [1]	7.0	7.4	7.6
IFRS7			
目前額度	70.8	70.9	71.1
拖欠款 [2]	29.2	29.1	28.9
	100.0	100.0	100.0
拖欠款			
逾期但未減損	14.9	11.9	8.9
已減損	14.3	17.2	20.0
	29.2	29.1	28.9

資料來源：2007 年 Cattles 年報

> Welcome Finance 未減損的貸款占拖欠款百分比明顯上升

> Welcome Finance 已減損的貸款拖欠款從 20% 下降到 14.3%

定義

[1] 逾期分期付款占應收帳款結算的百分比

[2] 客戶欠款的餘額占應收帳款的百分比

學到的教訓

　　像 Cattles 這樣渴望成為銀行的專業貸款公司，鉅額的數字帶來的影響很大。對所有人來說很值得慶幸的是 Cattles 從未獲得銀行執照。它的貸款帳目成長很快，但貸款損失準備金並沒有跟上。貸款帳目的金額是資產負債表中最大的數字，其價值取決於貸款損失準備金，而貸款損失準備金本身就是利潤的主要決定因素之一。看到貸款損失準備金占貸款總額的百分比下降，特別是貸款帳目中，借款人的現金償還成長落後時，應該就足以讓 Cattles 的投資人爭先恐後搶著離開。

第
八
章

舒適圈的關係太近了

關係人交易

　　關係人交易對於英國上市公司來說，很少會是一個嚴重的問題，尤其是從董事和股東到英國上市公司的審計師，所有人都不看好這件事。但是，當它們被披露時，總是值得看看它們是否需要深入探討。本章中的兩家公司並沒有因為關係人交易而倒閉，但是在這兩家公司年報中所披露的資訊，都足以形成一項明顯的警告標誌，警示這兩家公司可能未遵守嚴格的管理標準。

　　近期最臭名昭著的關係人事件跟亞洲資源礦業公司（Asia Resource Minerals，前身為印度礦業公司 Bumi，是英國銀行家內森尼爾・羅特希爾德〔Nathaniel Rothschild〕的心血）有關，這是一場驚人的災難：2015 年時，該公司由於未提報三項關係人交易（其中一項交易價值高達 2.25 億美元）而被英國金融行為監管局開罰少少的 460 萬英鎊。在巔峰時期，Bumi 的股票每股價值 14 英鎊，但在關係人被揭露與未遵守倫敦證券交易所的上市規則後，該公司未能提交年報並暫停

其股票，投資人最後同意以每股 56 便士的價格收購該公司。看來，關係人交易還是會產生相當大的影響。

國際會計準則第 24 號「關係人揭露」（IAS24）規範公司需披露與公司關係人的交易和未結款項，讓投資人在考慮公司的財務狀況和結果時，可以將該公司受關係人交易影響的可能性納入考量。

關係人可以是個人與／或實體公司。通常指的是某人或其家庭的親近成員會因為以下情況而和某家公司有關係：對公司擁有控制權、對公司擁有重大影響力，或是擔任該公司的主要管理成員之一。

如果某公司和另一家公司是同集團的成員，或者是另一公司的聯營或合資企業，則該公司會與另一家公司相關；如果一家實體公司與其關聯公司的合資企業有業務往來，則這些合資企業也會是這家公司的關係人。

若是在正確的背景之下，家庭優先並沒有錯，畢竟血濃於水，家人總比外人親。但是公司的所有股東（無論是不是家人）都有權受到平等對待。

Healthcare Locums

多處創傷

　　專業醫療保健人力招聘機構 Healthcare Locums 在 2010 年初達到其最高的股價，但在短短不到一年內，其股票就被暫停交易，公司變得幾乎一文不值。該公司的創辦人兼執行長凱特・布里斯戴爾（Kate Bleasdale）過去曾是護士，還在向知名樂團 Abba 致敬的樂團表演中演唱過，我猜表演曲目包括 Abba 的知名歌曲《贏家拿走一切》（The Winner Takes It all），但這次她失去了一切。

　　凱特・布里斯戴爾在 2003 年成立了 Healthcare Locums，為公共部門和私營單位提供專業醫療保健人員和社工。大約 8 年後，因為許多會計違規的行為被揭發，Healthcare Locums 的股票被暫停交易，該公司變得幾乎一文不值。因為帳目錯誤修正和會計政策的變化，該公司在 2011 年提報損失 5,600 萬英鎊。該公司現在幾乎無法獲利，其提供服務與所有存在的意義和目的，都只是為了償還債務而已。但是，任何願意花時間去研究的投資人，都可以從 2009 年 Healthcare Locums 的年報中看出當該公司股價高漲時，其表現仍然欠佳且無法

創造現金。

多發性創傷

　　讓我們假裝成法醫病理學家，把醫療保健專家的提供者 Healthcare Locums 當成屍體一樣來檢驗。驗屍的結果會是因為遭受了一千次的割傷而死亡——也就是多處創傷或多發性創傷，也許其中任何一種都無法被證明是致命傷，但一起出現就會致命。

　　仔細研究 2009 年 Healthcare Locums 年報與該公司帳目的法務會計師，將會得出以下一長串導致這家上市公司死亡的潛在致死原因：

- 軟體成本仍在資產負債表上資本化，即使這些資產已經不被使用。

- 應計收入快速增長，成為流動資產的重要組成部分。

- 員工的成本與獲取內部的候選人資料庫所產生的外部成本均已資本化。

- 未歸還客戶（主要是英國國民保健署）的超額付款。

- 用折扣協議所得的虛構發票獲得借款。

- 被歸類為重組成本的成本（通常會被投資人忽略）其

實是營運的實際成本。

● 成本沒有適當累計。

這些會計花招大多數可以說是為了維持利潤成長並確保借款而使出的。不過，法網恢恢，當時的財務總監黛安·賈維斯（Diane Jarvis）最終還是被英國財務匯報局逮捕了。她在 2015 年被英格蘭和威爾士特許會計師協會（ICAEW）禁止擔任會計師 10 年，並被罰款 25,000 英鎊。

不健康的股價

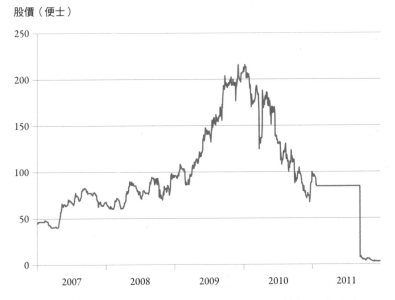

股價（便士）

資料來源：Datastream

第一項生病的症狀：應計收入增加

　　雖然 Healthcare Locums 在 2008 年就已經出現問題，但該公司 2009 年年報的內容，就足以讓人將其放入病情觀察室。要從這麼多非常明顯的會計手法中，識別出一個最主要的手法是很難的，但就算是懶得多看的人，應該也能輕易地從應計收入增加看出問題。

附註 15 －貿易與其他應收帳款（摘錄，單位：千英鎊）

	2009 年 12 月 31 日	2008 年 12 月 31 日 財務重述	2008 年 1 月 1 日 財務重述
貿易應收帳款	17,594	19,526	20,635
其他應收帳款	5,053	1,913	2,091
預付款與應計收入	8,717	5,970	4,392
	31,364	27,409	27,118

資料來源：2009 年 Healthcare Locums 年報

應計收入成長 46%

　　以廣泛的經驗法則來說，我們可以合理地假設，某段時間內銷售額的成長，與應收帳款和應計收入的增加之間存在著某種相關性。請記住，應計收入是公司在其損益表中記入的預估收入，其本質上比有發票佐證的客戶欠款難稽核。

　　從 2009 年 Healthcare Locums 年報中的「附註 15 －貿易與其他應收帳款」，可以看到應計收入成長了 46％，這通常是激進會計法的症狀；相比之下，同期的銷售額僅成長了 5％。因此，應計收入的成長已經完全和銷售成長脫節。附註 15 也顯示出其他應收帳款有非常大的成長，這是另一項警告訊號。

薪資並未反映在損益表上

　　「附註 14 －其他無形資產」（請見下一頁）顯示 Healthcare Locums 因為其人力資料庫的緣故導致資產負債表上的成本正在增加。而在下一頁的「附註 1 －會計政策」明確說明了哪些類型的成本被資本化：「直接成本包括員工的成本，以及尋找和招聘潛在人力所產生的外部成本。」

　　這看起來是招聘人力資料庫的人力成本，然而實際上這是 Healthcare Locums 將自己的員工成本資本化。此外，電腦軟體的成本看起來也很高，但是別忘了，Healthcare Locums 只是一家人力招聘公司！

附註 14 －其他無形資產（摘錄，單位：千英鎊）

	客戶關係	電腦軟體	資訊資料庫	人力資料庫	總計
成本					
於 2009 年 1 月 1 日	3,953	6,094	100	4,109	14,256
追加	－	1,572	－	3,895	5,467
處分	－	(116)	－	－	(116)
於 2009 年 12 月 31 日	3,953	7,550	100	8,004	19,607
攤銷					
於 2009 年 1 月 1 日	1,038	654	100	1,106	2,898
該年攤銷	439	519	－	2,119	3,077
處分	－	(116)	－	－	(116)
於 2009 年 12 月 31 日	1,477	1,057	100	3,225	5,859
帳面淨值					
於 2009 年 12 月 31 日	2,476	6,493	－	4,779	13,748
於 2008 年 12 月 31 日	2,915	5,440	－	3,003	11,358

資料來源：2009 年 Healthcare Locums 年報

薪資資本化

附註 1 －會計政策（摘錄）
其他無形資產－人力資料庫

與建立人力資料庫直接相關的成本被確認為無形資產。直接成本包括員工的成本以及尋找和招聘潛在人力所產生的外部成本。當某位候選人接受聘雇時，建立人力資料庫的成本，就會被確認為資產的成本進行攤銷。攤銷在全面綜合損益表中，顯示為銷售成本的一部分費用。

資料來源：2009 年 Healthcare Locums 年報

員工成本資本化

最後……

附註 44 －關係人交易（摘錄，單位：千英鎊）

	12 個月期 至 2009 年 12 月 31 日止 購買／（賣給）	12 個月期 至 2008 年 12 月 31 日止 購買／（賣給）
交易		
來自 MyWorkforce Ltd 的收費	24	295
來自 Nationwide Accreditation 　Bureau Co Ltd 收費	503	689
向 Nationwide Accreditation Bureau 　Co Ltd 收費	－	(31)
向 Montagu Nursing Agencies Ltd 收費	(21)	(303)
向 Redwood Group Ltd 收費	(151)	－
向 Netengines Holdings Ltd 收費	(17)	－
總計	338	650

MyWorkforce Limited、Nationwide Accreditation Bureau Company Limited、Montagu Nursing Agencies Limited 及 Redwood Group Limited 由於本公司的某位主要股東及其中一位董事的近親 JS・卡里斯而成為本公司的關係人。JS・卡里斯擁有這些公司的大部分股本。Redwood Group Limited 亦由其中一名董事部分持有。

資料來源：2009 年 Healthcare Locums 年報

　　Healthcare Locums 存在著關係人交易的行為。Healthcare Locums 的關係人是執行長凱特・布里斯戴爾的丈夫約翰・卡里斯（John Cariss），他透過六家公司向 Healthcare Locums

提供服務或接受服務。有關這些關係人交易的細節在 2009 年 Healthcare Locums 年報的倒數第二頁「附註 44 －關係人交易」（請見上一頁）。雖然這些交易規模較小且明確地被披露，但通常投資人應該要小心這些交易，因為這代表公司與董事及其關係之間存在著利益衝突。

學到的教訓

在看年報甚至是首次公開募股的招股說明書時，請從最後開始看，比較耐人尋味的資訊往往隱藏在那裡。儘管 Healthcare Locums 與首席執行長的丈夫所擁有的公司之間的關係人交易，並不是該公司破產的原因，但確實是公司有問題的指標。

Erinaceous

輕鬆的資本主義──把一切留在家裡

Erinaceous 是一間一站式物業服務公司，整間公司幾乎是透過收購而建立的。儘管行銷宣傳聲稱「你只需要一家公司

為你整合一套解決方案」，但這些收購卻未能良好地整合、融入集團已有的營運活動。但是無論如何，這間公司的董事會都由一個幸福美滿的家庭所掌控——這通常不是一件好事。

執行長尼爾‧貝利斯（Neil Bellis），娶了茱麗葉‧貝利斯（Juliet Bellis），而營運長露西‧康明斯（Lucy Cummings）是茱麗葉的姊妹，他們全部開心地住在同一個家裡面。茱麗葉‧貝利斯是一名律師，她時不時會為 Erinaceous 提供服務，而她同時也是 Erinaceous 公司的秘書。Erinaceous 還將擁有房地產的公司賣給了 Erinaceous 的董事。以企業管理來說，如果滿分十分，這樣該打幾分？

Erinaceous 的年報中揭露了許多關係人交易。最重要的是，在 2002 年，當 Erinaceous 以表面上的淨資產價值，將一家房地產公司賣給了自己的董事時，投資人就應該要察覺到好像哪裡有問題，因為 Erinaceous 的股票在 5 年後變得一文不值。

從無名小卒變成英雄，再跌回一文不值

Erinaceous 的意思是「像是刺蝟」。也許只有老一輩的管理者才能告訴我們，為什麼一家快速發展的房地產服務公

司，會將自己的名字取為 Erinaceous。他們可能沒有想到在路上看到的滿身是刺的刺蝟，經常身上都是壁蝨和跳蚤。也許有人會說，預兆早就出現了。

Erinaceous 在 2001 年以簡陋的開始，在其相對短暫的壽命中，至少進行了 37 筆收購。每年收購的規模都越來越大。到 2008 年 4 月公司倒閉時，Erinaceous 擁有 20 家主要運營的公司，全都從事某種物業服務。

問題在於，儘管執行長尼爾・貝利斯忙於收購公司，但營運長露西・康明斯並沒有投入於整合這些公司，因此它們很大程度上都是自行營運。但是誰能責怪尼爾・貝利斯進行大量收購呢？他以相對便宜的價格收購，且股票市場正在重新評估其收購的價值與 Erinaceous 的價值，這是基於集團正在整合且發揮集團綜效，儘管確切地說，兩者都不曾發生。

Erinaceous 的管理者沒有考慮到的，是他們購買的是輕資產但人力吃重的企業，他們為此承擔了很多債務（被收購公司的許多關鍵人物，往往在將公司出售後就離開了）。隨著幾家被收購公司被控訴瀆職行為，其他問題也浮出水面，導致股價下跌。沒多久，Erinaceous 就像被車輾過的刺蝟一樣死在了路上。

死在路上的股價

股價（便士）

資料來源：Datastream

肥水不落外人田

　　六年內進行 37 項收購是一個很不得了的數字，所有投資人都應該確認這些新購入公司的整合是否順利。通常是以現金和收益為目的收購行為，才會有這樣的收購率，足以嚇跑明智的投資人。

附註 28 －處分

2002 年 4 月 11 日，本集團連同其子公司 Proudale Limited 和 Ground Rental Service Limited 出售了其在 Longmint Limited 中的股權。處分的對價為 **250 萬英鎊**，以現金支付，連同還清 **450 萬英鎊** 的公司內部債項。

Longmint Limited 以接近淨資產價值的價格被賣給 Erinaceous 的董事

處分的資產和負債如下：

	單位：千英磅
無形固定資產	(863)
有形固定資產	3,416
股票	4,369
應收帳款	321
應付帳款	(410)
	6,833
	(51)
	6,782
處分確認：	
償還公司之間的債項	4,282
現金	2,500
	6,782

資料來源：2009 年 Healthcare Locums 年報

事實上，早在發生併購潮之前，Erinaceous 是高風險股票的真正警訊，就被藏在 2003 年年報最後面的關係人交易附註之中。

老實說，執行長的太太為 Erinaceous 所進行的許多法律

和秘書工作，每年都會詳細地揭露許多資訊。狀況不算太好，但這不是秘密，而且這些也不是大筆的數字。但是，另一方面，在 2003 年 Erinaceous 的年報中「附註 28 －處分」（請見左頁）和「附註 33 －關係人交易」（請見下一頁）揭露了一項重大交易，該交易照理說應該要推開了任何選擇閱讀該報告的投資人才對。這些附註內容顯示，Erinaceous 將一家主要資產為股票和房地產的公司（購入時的淨資產價值為 670 萬英鎊），以 700 萬英鎊出售給自己的董事。我不知道該財產或股票的可變現價值是多少，但很難想像 Erinaceous 的董事們會將其視為一個虧損的機會。順便說一下，「附註 28 －處分」顯示出，無形資產是負值。那會是什麼呢？這項重大的關係人財產交易反映出 Erinaceous 物業服務公司不是一個安全的家，而且董事之間有太多潛在的利益衝突。

附註 33 —關係人交易

Juliet Bellis and Co 是本公司的關係人，Juliet Bellis and Co 的負責人 J M S・貝利斯與本公司董事 N G・貝利斯之間有親屬關係。Juliet Bellis and Co 為集團提供的專業服務費用為 186,384 英鎊（2002 年為 96,436 英鎊）。本公司並從 Juliet Bellis and Co 收取總計 5,280 英鎊的租金收入（2002 年為 11,400 英鎊）。

本公司於 2002 年 4 月將 Longmint Limited 及其子公司出售給 Longmint Properties Limited。**Longmint Properties Limited** 因共同董事和持股關係成為本公司的關係人。此出售乃按公允價值及正常交易進行。

資料來源：2003 年 Erinaceous 集團年報

Longmint Properties Limited 由 Erinaceous Group 的董事所擁有

學到的教訓

　　Erinaceous 有太多狀況會讓投資人打消投資這家主要以收購方式建立的一站式房地產服務商的念頭。Erinaceous 平均每年進行六次收購，光是這點就足以使人質疑該公司的股票是否值得擁有。但是，更重要的是，關係人交易很早就是一個問題，尤其是董事將某家公司出售給自己人。這種輕鬆的資本主義幾乎無法讓普通股東獲利。

第九章

小心利益衝突

當會計師變得太親近

　　Findel 的股價並未因為其會計師為公司提供了重要的非審計服務而下跌。這是很明確的，Findel 是因為其他的一堆問題而崩盤。但是在 2006 年，該公司的會計師（即使在當時也很不尋常）因為 Findel 的非審計工作而收到的錢，比為 Findel 做審計工作收到的錢還多，這就代表可能存在著利益衝突，也是要避開這家公司股票的許多警告訊號之一。

　　即將生效的新歐盟指令有望減少和會計師有關的利益衝突風險，但是在過去，一些審計師並不太擔心同時為某家公司做報酬較少的審計工作與其他有薪的非審計工作。2006 年 Findel 的年報即證明了這一點。當年，其審計師收取了 29 萬英鎊的審計費，以及 58.7 萬英鎊的非審計服務費。在前一年也是同樣的狀況，審計師因為提供非審計服務所賺的費用，比提供審計服務還多。2001 年時，身處華爾街有史以來最大商業醜聞風暴中心的美國能源公司安隆也有同樣的問題。在 2000 年，安達信會計師事務所（Arthur Andersen）向安隆收

取了 2,500 萬美元的審計服務費，以及 2,700 萬美元的顧問服務費。安達信會計師事務所已不復存在，而美國隨後也在 2002 年立了《沙賓法案》（Sarbanes-Oxley Act），禁止會計師向其審計客戶提供顧問諮詢服務。

在過去，審計委員會相當願意把審計師當作最合適的非審計服務提供者。相對來說，審計業務的主辦會計師（即簽署審計報告的人），原則上也需要確保自己公司所提供的非審計服務不會損害其自身的審計客觀性和獨立性。

現在，對於公眾利益個體（public interest entity，簡稱 PIE）而言，這一切都改變了，公眾利益個體指的是受到所有歐盟成員國的法律管轄，以及其可轉讓證券要在受監管的市場上交易的公司。公司的審計委員會必須對審計師提供的非審計服務範圍感到滿意，而審計師必須確保獨立性不受到損害。此外，非審計服務的費用不得超過審計費用的 70%，並且不能提供某些非審計服務，包括稅務諮詢和合規、與企業管理相關的服務、記帳、估值、與公司融資有關的服務、法務、與公司股份相關的服務。當然，現在也有許多人認為，為了確保沒有利益衝突，審計師根本不應該提供非審計服務。

Findel

全聽到了、全看到了，但是什麼都別說！[1]

　　Findel 似乎每年都在進行公司重組，永遠停不下來。而且，Findel 總是將其視為特殊項目，甚至為此發明了一個新的術語「基準利潤」，以便可以在不計入這些昂貴的特殊成本的情況下，衡量管理團隊的績效。很顯然地，有些投資人就因此被騙了，令人驚訝的是，Findel 的作法一直到 2007 年信用緊縮時才失靈，這明明早就該發生了。

　　Findel 主要位於西約克郡的伊爾克利，主要有兩項業務，其中一項是提供家庭購物和消費信貸產品（即向較不富裕的人提供貸款）；另一項是提供教育援助（主要是公立學校，這使企業營運很容易因政府削減開支而受影響）。

會計做的事情範圍太廣

　　一直到 2003 年之前，Findel 最瘋狂的會計作法是遞延銷

---

1 此處的原文為約克郡的格言「Ear all, see all, say nowt」（Hear all, see all, say nothing）。

售成本。讓我解釋一下，假設我們有一位新客戶巴拉盧太太，她從隔壁鄰居那裡借了 Findel 家庭購物目錄，因此決定購買羅素（Russell Hobbs）的雙層烤麵包機。當時，新客戶的訂單會觸發促銷折扣，但 Findel 並未像人們想像的那樣將烤麵包機的折扣視為銷售成本，而是將其計為招募巴拉盧太太的成本，並將其視為資產。然後，在假定巴拉盧太太是公司客戶的期間中攤銷這筆款項。Findel 也將巴拉盧太太從朋友那裡借的商品目錄成本資本化並記錄為資產。這些成本最高曾達 3,700 萬英鎊，被記錄為 Findel 資產負債表中的預付款和應計收入──這是一筆驚人的金額。就利潤而言，該公司利用這種會計方法在截至 2003 年的 5 年之中，誇大了將近 25％的利潤。但這似乎不足以警告潛在的投資人，因為該公司的股票一直要到 2007 年信用緊縮開始造成影響時才崩盤，並且再也沒有真正恢復過。

該公司即將倒下的警告訊號並非從未出現過，其實 2006 年 Findel 的年報就充滿了警訊。讓我列出一部分問題：

- 如果 Findel 沒有將重組費用列為某年的特殊項目，那這年一定是特殊的一年，2006 年也不例外。如果 Findel 幾乎每年都重組其業務，那麼重組成本肯定不該是特殊項目。

● 公司的營運結果非常雜亂，而且包含大量特殊成本，
　Findel 甚至決定導入並強調自己的話術「基準營業利
　潤」和「基準每股收益」，以用來衡量管理團隊的績
　效。這些新措施省去了重組費用，並將公司的業績描
　繪成生動明亮的景象。

多的是警告訊號

股價（便士）

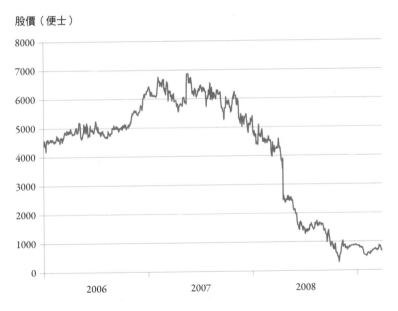

資料來源：Datastream

- 截至 2006 年，Findel 最高階的董事中有五位在 Findel 工作了十九至二十五年。在那裡待了這麼長的時間一定是值得的。一家上市公司有這麼多年資已久的董事確實是一個很特殊的狀況。

- 有大量的呆帳準備金，因為像前面舉例的巴拉盧太太這樣的女士有時不會付錢。2006 年時，該集團的應收帳款中就有 24% 被視為呆帳。但是在 2008 年信用緊縮發生時，即使是這麼高額的準備金也不夠應付。

- Findel 的債務和利息成本逐年上升。

- 有關係人交易。

- Findel 經常重述前幾年的營運成果。

全聽到了、全看到了，但是什麼都別說！

2006 年時，審計師對 Findel 的審計服務收取了 29 萬英鎊，但這比他們的非審計服務費用 58.7 萬英鎊要少得多。顯然，Findel 是這位省級審計師不想失去的搖錢樹，下一頁的「附註 10－年度利潤」即說明了此問題。

當然，現在上市公司的審計師已經禁止提供這些非審計的服務，但在 2006 年並未禁止。即使如此，Findel 的審計師

也不需要英國務匯報局的規定來讓他們了解其獨立性已受到損害。因此，儘管當時審計師並未違反任何會計準則，但是我們只要根據附註 10 豐富的內容就可以得知，Findel 的會計部門需要增值稅（VAT）、一般稅項、公司財務方面的協助，以及為了符合新的會計準則所需的協助。這些告訴了你所有需要知道的事，也就是 Findel 會計部門的水準，當然，這一點也反映在公司的年報與 Findel 最終的倒閉上。

附註 10 －年度利潤（摘錄）

---

* 公司及其在英國的子公司，在非審計服務方面應向德勤會計師事務所及其相關人員支付 **58.7 萬英鎊**（2005 年為 40 萬英鎊）。這主要包括增值稅顧問費 12.2 萬英鎊（2005 年為 14.9 萬英鎊）、與稅項相關的服務費用 14.7 萬英鎊（2005 年為 15.5 萬英鎊）、與公司財務相關的服務費用 20 萬英鎊（2005 年無此筆費用）和 6.5 萬英鎊（2005 年無此筆費用）於集團為了符合 IFRS 的調整。
* 上述費用還包括審核集團退休金計畫的費用 7,000 英鎊（2005 年為 7,000 英鎊）。
* 審計委員會工作的說明在第 15 頁的審計委員會報告中，其並說明了當審計師提供非審計服務時，如何維持審計師的客觀性和獨立性。

資料來源：2006 年 Findel 年報

非審計服務的費用，幾乎是 2006 年審計費用 29 萬英鎊的兩倍

學到的教訓

　　Findel 有太多問題，為什麼還有銀行繼續提供該公司貸款，以及為什麼知名投資人還願意留在董事會中完全是個謎。由於安隆的風暴、《沙賓法案》和英國財務匯報局等因素，現在審計師只能向審計客戶提供有限制的稅項和相關服務，但在 2006 年沒有那麼多限制，而且從前面的附註就可以看出，Findel 公司內部的會計部門遠低於一家上市公司預期該有的標準。此外，遞延早期對新客戶的銷售折扣，並稱其為客戶招聘的成本，同時將其記錄為資產，這絕對是一個警告訊號，說明 Findel 是有風險的股票。

趨勢是你的朋友

第十章

財務分析和比率的使用

　　資金管理的行銷資料總是可以看到不同資金來源的特性，而且更重要的是，其業績通常會提醒我們「過去的業績並不是未來業績的指標」。但過去的業績確實可以是指標，尤其對東芝而言，肯定是如此。只要對東芝提供的截至 2013年的十年間的綜合財務摘要進行簡單的分析，就會發現東芝雖然身為日本工業競爭力的基石，但是公司的營運表現卻不佳，儘管管理團隊當然會一再地宣稱並非如此。

　　通常將某個時期和另一個時期的財務數據相比，就可以看到很明顯的趨勢，而趨勢通常有助於我們發現即將發生的災難或投資契機。

　　財務分析中所使用的財務數據和比率，使你能夠從這四大分類去判斷公司的績效：

- 監督活動的水平。

- 衡量流動性或公司履行短期現金款項償付的能力。

- 評估公司的償債能力或償還長期財務款項的能力。

- 判斷盈利能力。

在檢視這四大分類時，任何比率的下降都值得調查；此外，如果比率與公司的股價沒有同步性，就代表著未來可能會有問題。

我還要補充一點，任何財務分析還應對資產負債表項目隨著時間的異動有全面的研究，因為壞消息通常被埋藏在這些地方。此外，投資人也應該特別探究那些最受管理者主觀判斷影響的餘額：固定資產的帳面淨值（由主觀的折舊率決定）；應收帳款的水平（取決於主觀的壞帳準備）；存貨估值（對於確定像東芝這樣大規模製造業公司的利潤非常重要，但是陳舊存貨庫的準備是主觀的）；應計收入（是預估值）；應付帳款（由主觀的應計水平決定）。**事實上，一切都是主觀的……除了現金。**另外還有其他值得探究的事情，像是收購產生的貢獻可以告訴我們許多關於公司自然成長率的事情；或是一次性項目（例如處分）的貢獻分析也可以告訴我們很多資訊。

在 2007 年至 2013 年期間，東芝的銷售下降、折舊費用下降、股票價格飆漲、現金產生減少和利潤下降，但和最終因東京監管機構要求而重述的結果（此期間的利潤被高估了

近 40％）相比，上述狀況已經算很樂觀了。其實東芝在整個財務趨勢中一直存在著令人擔憂的徵兆。

鑑識分析師會使用的其中一種方法，就是將損益表或資產負債表中某一年的數字，與上一年的數字進行比較。在不斷成長的業務中，或是大家對首次公開募股公司的預期，都是應該看到銷售額和成本以合理的線性方式成長。實際上，這正是網路家用電器零售商 AO World 在 2014 年初上市之前的狀況，除了首次公開募股的招股說明書中的一個關鍵數字——行銷和廣告支出。對於那些花時間停下來思考的人來說顯而易見的是，AO World 的利潤將無法維持，因為未來花在網路和電視上的行銷和廣告支出將大幅增加，就如同 AO World 的招股說明書所顯示的那樣。

AO World

Uh-oh ！糟糕了！

僅僅 1 英鎊。這是約翰・羅伯茲（John Roberts）於 2000 年，在一家酒吧幾杯啤酒下肚後，和別人打賭成立 AO World 公司所賺到的金額。但是這家販售洗碗機、洗衣機和冰箱等

白色家電的網路零售商在 2014 年首次公開募股時，端上桌的是其發起人股份在倫敦證券交易所上市首日的估值就達到了泡沫般的 4.55 億英鎊。聽說約翰・羅伯茲很高興，但是對於該公司的早期投資人而言，任何喜悅都是短暫的，雖然在上市前一年 AO World 提報了可觀的利潤，隨後卻陷入虧損，而且沒有任何跡象顯示虧損會改善，因為網路和電視品牌廣告的支出不斷增加，持續耗損公司的利潤。

誰能責怪約翰・羅伯茲呢？

　　高達 16 億英鎊。這是 AO World 在倫敦證券交易所上市首日的價值。股票配售的價格為 285 便士，而公司的市值為保守的 12 億英鎊，但股價很快就升至 378 便士。AO World 的股價之後再也達不到這個水平，到了 2017 年底時甚至跌至 100 便士。但是，誰能因為據稱不到一年前，約翰・羅伯茲的顧問才告訴他公司的市值僅 3 億英鎊，他卻以 12 億英鎊的價格將公司上市而責怪他呢？在首次公開募股時購買股票的投資人明明都對價格與獲利比率為 180（公司價值為其稅後收益的倍數）和資本市值與銷售比率為 4.4（公司價值為銷售的倍數）感到滿意。對於那些在高峰期購入股票的人

來說，他們似乎很樂意支付等同於 240 倍歷史收益和 5.8 倍銷售收入的價格。

股價下跌

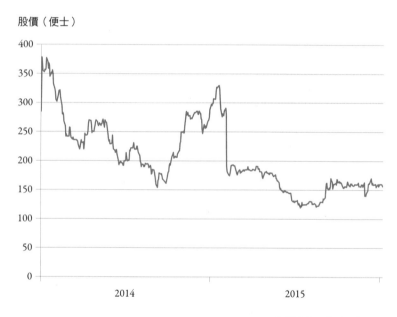

資料來源：Datastream

投資人當時在想什麼？

不過，之後情況開始變糟。AO World 自首次公開募股以來一直沒有獲利，而且股價經歷了兩次大幅下跌，一次是

在 2014 年上市後，另一次是在 2015 年。AO World 的新投資人在購買股票時是怎麼想的？也許他們認為 AO World 將成為白色家電產業的亞馬遜，或是亞馬遜的下一次收購？他們究竟還會因為什麼原因而付出這麼高的代價呢？但是，他們錯過了當時的董事長里查·羅斯（Richard Rose）或許一直以來都知道的事情，因為他在首次公開募股一年多以後便出售了他所擁有的 90% 股份。而在 2016 年 6 月，英國最大的建築材料供應商特拉維斯·帕金斯（Travis Perkins）的前執行長傑夫·庫柏（Geoff Cooper）取代了里查·羅斯。

如果首次公開募股時的投資人只將 AO World 視為是另一家白色家電的網路零售商，那他們就錯了。雖然很多人都不知道，但 AO World 不僅限於此。對於那些深入研究首次公開募股的招股說明書和年報的人來說，他們會發現 AO World 也在銷售產品保障計畫。

產品保障計畫

沒有人真正知道 AO World 向新客戶出售 Domestic & General 產品保障計畫賺了多少錢，因為 AO World 不會告訴任何人。但是我們仍然可以對此好好研究一番。依照銷售產

品保障計畫的入帳方式來看，該營業活動目前為 AO World 帶來的利潤比出售、交貨和安裝洗衣機更多。如果根據 AO World 的利潤來源，而不是最大的銷售額來源來描述 AO World 的主要營業項目的話，我們大概可以將 AO World 描述為 Domestic & General 的銷售商，負責銷售該計畫的延長保固產品。但這會降低股票的吸引力。

　　另外，根據招股說明書的「附註 15 －貿易與其他應收帳款」（請見下一頁）顯示，截至 2013 年 12 月 31 日，Domestic & General 欠 AO World 的產品保障計畫銷售佣金為 1,790 萬英鎊。這 1,790 萬英鎊是 AO World 代表 Domestic & General 出售的產品保障計畫，在其計畫期間內應收的未來佣金的預估公允價值。在附註中並未提及公允價值是由預期未來現金流量折現而計算出來的數字，但在之後的年報中有提及此事。以產品保障計畫平均期限為五年來計算，透過 AO World 以電話銷售售出，至 2014 年 3 月的年度截止，該年度可能會產生約 3 百萬到 4 百萬英鎊的利潤。當然，現金利潤又是另一回事了。要是投資人知道其非常可觀的利潤是產生自 Domestic & General 未來應付佣金的公允價值，可能就不會想以收益 180 倍的價格購入股票了。因此，對股票進行更實際的評估只是時間問題。

附註 15 －貿易與其他應收帳款（單位：千英鎊）

	年度 截至 3 月 31 日			九個月 截至 12 月 31 日	
	2011	2012	2013	2012*	2013
貿易應收帳款	4,116	2,534	6,457	6,215	7,140
應計收入（見附註 22）	**6,520**	**10,096**	**14,266**	**12,962**	**17,889**
預付款	4,054	6,008	7,426	6,488	7,349
關係人應收帳款	–	–	18	–	–
董事貸款帳戶	–	–	57	–	–
	14,690	18,638	28,224	25,665	32,378
貿易及其他應收帳款分類為：					
非流動資產	4,890	5,589	9,308	8,690	9,829
流動資產	9,800	13,049	18,916	16,975	22,549
	14,690	18,638	28,224	25,665	32,378

* 未經審計

資料來源：AO World 招股說明書

IFRS7「揭露」在附註 22 中。應計收入和產品保障計畫的**預期未來佣金**支付有關。

來自產品保障計畫的預期
未來佣金的應計費用增加

行銷與廣告

AO World 招股說明書中的「附註 4 －行政費用」（如下頁）顯示了未來的行銷和廣告費用將快速增加。我們可以看到，截至 2013 年 12 月的 9 個月之內，費用就從前一年的

500 萬英鎊上升至 1,290 萬英鎊，一共增加了 157％。

附註 4 －行政費用包括以下各項（摘錄，單位：千英鎊）

	年度 截至 3 月 31 日			九個月 截至 12 月 31 日	
	2011	2012	2013	2012*	2013
行銷和廣告費用	4,040	6,089	7,131	4,994	12,861
倉儲費用	5,162	6,723	9,172	6,314	9,559
其他行政開支	15,530	23,337	26,135	17,878	26,577
	24,732	36,149	42,438	29,186	48,997
行銷和廣告費用占收入的百分比	2.5	2.9	2.6	2.5	4.6

* 未經審計

資料來源：AO World 招股說明書

行銷和廣告費用大幅增加

　　截至 2013 年 3 月的一年期，即上市前一年，AO World 提報的利潤為 870 萬英鎊，行銷和廣告費用僅占收入的 2.6％；但是在接下來的期間，行銷和廣告費用上升至銷售額的 4.6％，而隨著 AO World 花在像是搜索引擎 Google 和電視宣傳品牌的費用越來越多，這一上升趨勢從未間斷。如同前面提過的，AO World 從上市的前一年開始就沒有提報過利潤，有些人會說這主要是因為該公司為了維持自己的品牌而必須不斷增加的支出。還有些人也許錯過了次重要因素，

因為他們的注意力都放在 2013 年提報的利潤上，但那時的
利潤很明顯是因為行銷和廣告的支出較低，但這是難以延續
下去的。

學到的教訓

在比較最近一年的年報與往年年報的數字時，無論如何
都要設法了解，為什麼某個時期到另一個時期的數字會上升
或下降。 請記得要探究一年中的活動水平，以及它們的變
化——可以透過查看銷售的變化來了解這一點。有一個非常
簡單的經驗法則是，**資產負債表和損益表項目的變化應大致
與活動水平相符，任何明顯大於或小於此的數字變化，都值
得進一步研究**。像 AO World 的招股說明書中，截至 2013 年
12 月的 9 個月所增長的 157％行銷和廣告費用，就是這樣的
數字。這個數字洩露了真相，讓我們知道在首次公開募股後，
該公司未來的成本將會上升，而利潤將會下降。

東芝

那些挑戰帶來一堆謊話

　　約莫 2,250 億日元（等同於 19 億美元）：這是在獨立會計調查後，東芝必須減少的利潤金額，以讓東芝在 2008 年至 2014 年財政年度的業績，如實反映該時期營運活動的現實狀況，而不是管理團隊希望呈現的樣子。簡而言之，東芝在這七年誇大了將近 40％的利潤。

　　東芝成立於 1904 年，是日本領先的製造公司。像許多日本公司一樣，東芝利用 1950 年代和 1960 年代戰後的繁榮，將其業務擴展到高成長地區，特別是東芝生產的產品滿足了西方消費者的需求，它在包括個人電腦、半導體、家用電器、基礎建設項目和醫療設備的廣泛市場中都獲得了成功。但是在 2008 年金融危機爆發之初，管理團隊先後在執行長西田厚聰、佐佐木則夫和田中久雄的領導下開始向業務部門負責人發出「挑戰」，要求他們實現某些目標。這些目標往往都是無法達標的，但當時東芝的企業文化要求絕對服從，擔心失去工作的業務部門負責人，不得不訴諸於可疑的會計手段，以確保自己不會丟臉，並達成「挑戰」的目標。令人感

到非常不可思議的是，這種提出「挑戰」的作法，以及隨後使用了不道德的會計手段去實現這些挑戰的過程，竟然還持續了很長一段時間，沒有被大公司各種內部和外部查核與制衡的力量察覺。

對投資人充滿挑戰的一段路

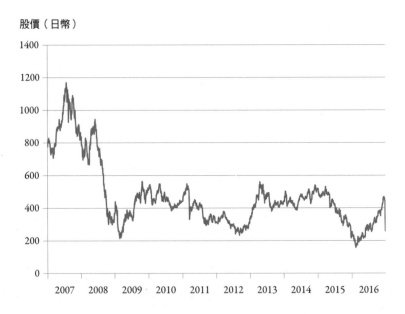

資料來源：Datastream

東芝發生的事情是：

● 從 2008 年到 2014 年，上述「挑戰」讓長期基礎設施項目的獲利能力被誇大。

- 應計費用不足。
- 與受僱製造東芝電腦的原廠代工製造商進行複雜的計謀，使用製造電腦的組件來「塞貨」（該術語用於描述向分銷網路供應過多的商品，以確保達到短期銷售目標）。
- 幾乎總是高估半導體的庫存，而且並未以可變現淨值進行估值。
- 固定資產折舊不足，不能反映實際使用狀況。

東芝在 2015 年 4 月宣布會計違規行為後，股價下跌了超過 60％。不意外地，這導致了董事會徹底清算，並開始了早該進行的全面企業文化改革。但這是一個漫長的過程，而且股票還未完全恢復。

創新的會計作法

東芝的總裁兼執行長田中久雄肯定是忠於自己所言的人：「我將盡我所能用心組織東芝集團的 20 萬員工共同努力，用創造力和創新來達到成長，進而提高獲利能力並提升公司價值。」

　　可以說，他和在他之前的執行長透過向業務部門主管下達了所謂利潤目標的「挑戰」，要求東芝員工在無法容忍失敗的環境下共同努力。這種壓力導致了前線業務部門運用了創新的方式進行會計，然後集團利潤被以多種會計方式嚴重高估。該策略導致 2008 年至 2014 年的原始帳目簡直是謊話連篇，而且可以確定的是，這些帳目不只無法提高公司價值，反而造成了股價暴跌。

　　對於田中久雄與兩位前任執行長佐佐木則夫和西田厚聰來說不幸的是，東京證券交易監督委員會嗅到了不對勁，並於 2015 年 2 月與該公司聯繫。該委員會要求東芝提供關於長期合約的詳細資訊，而長期合約在東芝是以「完工比例法」處理。一開始只是東京監管機構對東芝內部長期合約會計的查詢，迅速發展為對其他會計事項進行全面性的獨立調查。最終，東芝被發現從 2008 年至 2014 年浮報的利潤總額為 2,250 億日元（約為 19 億美元）。在由高階管理者提出「挑戰」的四個主要領域，其下屬皆使用了不適當的會計進行交易，以確保達到目標並保住工作。這些包括：

- 以完工比例法進行會計：在大型基礎設施合約中，未根據實際發生費用的最新資訊來預估完工的總費用，因此未計提損失準備金。

- 個人電腦業務：東芝將其個人電腦生產外包。透過以過高的價格向外包商提供組件，並提供超出其所需的組件數量，2008 年至 2014 年間的利潤被高估了 580 億日元。此外，個人電腦業務中未採用應計方法確認費用，且不適當的利潤在集團公司之間入帳。

- 半導體庫存：這些半導體產品未按成本或可變現淨值之中的較低者進行估值。這很奇怪，因為雖然半導體的價格可能會波動，但整體而言，2008 年至 2014 年之間的半導體價格是下降的。這些庫存的損失只有在庫存售出後才會被確認。因此，庫存估價被高估了，且正如任何會計師都知道的，期末存貨價值是決定利潤的關鍵，但東芝不停推遲對存貨的估值調降，也延遲了存貨損失的提報。而其結果就是，在 2008 年至 2014 年之間，東芝高估了 370 億日元的利潤。

- 固定資產：東芝許多業務部門的折舊和資產隨著時間而變動的使用狀況不符。這發生在電視、個人電腦和半導體業務部門。進行折舊調整後，2008 年至 2014 年期間的利潤減少了 470 億日元。

所有必要的調整摘要，都在下一頁的 2015 年東芝年報摘錄中。

稅前淨利（虧損）（單位：十億日元）
重述過往的財務業績與重述的影響

	2008	2009	2010	2011	2012	2013	2014 (第1到第3季累計)	累計 (2008到2014第3季)
（更正前）								
稅前淨利（虧損）	**-259.7**	**27.2**	**194.7**	**145.4**	**159.6**	**180.9**	**134.9**	**583.0**
完工比例法	-3.6	0.1	7.0	-7.9	-18.0	-24.5	-1.0	-47.9
視覺產品業務的營運費用紀錄等	-5.3	-7.8	-6.5	12.7	-2.8	0.8	2.8	-6.1
個人電腦業務的組件交易等	-19.8	-28.6	11.3	-22.3	-28.1	10.4	19.3	-57.8
半導體業務的庫存估值等	0.0	-4.4	-1.6	-10.3	-36.6	16.3	-0.5	-37.1
自檢驗等	-6.0	-3.8	-3.4	-7.3	-12.9	-12.2	16.2	-29.4
固定資產減損準備	-41.7	3.0	0.3	-48.9	13.7	10.6	16.5	-46.5
更正總額	-76.4	-41.5	7.1	-84.0	-84.7	1.4	53.3	-224.8
（更正後）								
稅前淨利（虧損）	**-336.1**	**-14.3**	**201.8**	**61.4**	**74.9**	**182.3**	**188.2**	**358.2**

資料來源：2015年東芝年報

趨勢是你的朋友

在分析公司帳目時，有一句投資法則說得很好：「趨勢可以是你的朋友。」尤其對於那些選擇查看東芝帳目的人來說確實是如此。在東芝進行重大會計調整前所發布的，截至 2013 年 3 月 31 日的 2012 年報之中，該集團 2003 年至 2013 年業績的財務摘要就有很大的幫助。我們的分析將聚焦在 2007 年至 2013 年這段期間（請參閱第 237 到 238 頁的合併財務摘要）。除了這段期間的銷售或利潤沒有成長（這已經是不該持有或購買股票的充分理由），還有其他令人擔心的趨勢，這些趨勢可能為東芝之後大規模的會計調整提供了線索。

- 在帳目中，和銷售、利潤、其他人欠你的（應收款）和你欠其他人的（應付款）相關的價值，都是主觀的。另一方面，現金則很難做手腳。分析現金對於了解一家公司的經營狀況非常重要。理想情況下，一家公司應該具有創造現金流的能力，否則遲早會碰到問題。根據東芝 2012 年年報中的合併財務摘要，東芝絕對不是一家創造現金流的公司，因為該公司在 2006 年到 2012 年間花費了 3,260 億日元（約 28 億美元）。

- 折舊是資產在其估計使用年限內的系統性成本分配。它在損益表中列為成本，因此會使利潤減少。特別對像東芝這樣的製造公司來說，折舊可能是損益表中的重要項目，是影響一家公司所提報利潤規模的主要決定因素。在 2006 年至 2012 年之間，折舊在東芝帳目中認列的費用急遽下降，且占總資產的百分比也下降。這可能是折舊被低估。

- 在理想的世界中，對於東芝這樣的公司，庫存需要快速周轉，以免營運被半導體、個人電腦和電視的陳舊或過時庫存所影響。從 2006 年到 2012 年，庫存周轉期從 39 天增加到 59 天，上升了 51%，這或許代表東芝的庫存已越來越老舊——而事實也正是如此。

合併財務摘要（摘錄，單位：十億日元）

銷售額下降　　利潤未成長　　　　　　　　債務增加

年度截至 3 月 31 日	2007	2008	2009	2010	2011	2012	2013
淨銷售額	6,859.7	7,404.3	6,512.7	6,291.2	6,398.5	6,100.3	5,800.3
銷售成本	5,115.3	5,548.7	5,242.5	4,852.0	4,897.5	4,635.2	4,384.4
銷售及行政開支	1,497.2	1,615.2	1,503.6	1,314.0	1,260.7	1,262.4	1,221.6
營業收入（虧損）	247.2	240.4	(233.4)	125.2	240.3	202.7	194.3
稅前非控制權益前持續營運業務收入（虧損）	315.9	258.1	(261.5)	34.4	195.5	145.6	155.6
所得稅	152.5	110.5	61.6	33.5	40.7	64.2	59.9
源自東芝公司股東淨收益（虧損）	137.4	127.4	(343.6)	(19.7)	137.8	70.1	77.5
稅息折舊及攤銷前利潤（EBITDA）	639.2	676.0	119.6	367.1	486.6	427.0	406.0
營運利潤率（%）	3.6	3.2	(3.6)	2.0	3.8	3.3	3.4
銷售報酬率（%）	2.0	1.7	(5.3)	(0.3)	2.2	1.1	1.3
銷售成本率（%）	74.6	74.9	80.5	77.1	76.5	76.0	75.6
銷售及行政開支率（%）	21.8	21.8	23.1	20.9	19.7	20.7	21.1
總資產	5,932.0	5,935.6	5,453.2	5,451.2	5,379.3	5,752.7	6,106.7
東芝公司股東應占股本	1,108.3	1,022.3	447.3	797.4	868.1	863.5	1,034.5
計息債務	1,158.5	1,261.0	1,810.7	1,218.3	1,081.3	1,235.8	1,471.6
長期債務	956.2	740.7	776.8	960.9	769.5	909.7	1,038.5
短期債務	202.3	520.3	1,033.9	257.4	311.8	326.1	433.1
股東權益率（%）	18.7	17.2	8.2	14.6	16.1	15.0	16.9
負債／權益比（倍數）	1.0	1.2	4.0	1.5	1.2	1.4	1.4

資料來源：2012 年東芝年報（待續）

合併財務摘要（摘錄，單位：十億日元，延續上表）

年度截至 3 月 31 日	2007	2008	2009	2010	2011	2012	2013
研發支出	365.3	370.3	357.5	311.8	319.7	319.9	305.9
資本性支出（物業、廠房與設備）	373.8	464.5	355.5	209.4	231.0	299.1	237.3
折舊（物業、廠房與設備）	258.8	339.4	306.9	252.5	215.7	203.3	171.3
投資報酬率（ROI）（%）	10.6	9.2	(8.9)	5.1	10.4	8.6	7.3
股東權益報酬率（ROE）（%）	13.0	12.0	(46.8)	(3.2)	16.6	8.1	8.2
總資產報酬率（ROA）（%）	2.6	2.1	(6.0)	(0.4)	2.5	1.3	1.3
存貨周轉率（倍數）	9.36	8.96	8.09	8.10	7.71	6.98	6.15
總資產周轉率（倍數）	1.29	1.25	1.14	1.15	1.18	1.10	0.98
存貨周轉（天數）	39.01	40.74	45.11	45.08	47.35	52.31	59.38
營業活動之淨現金流入（流出）	561.5	247.1	(16.0)	451.4	374.1	335.0	132.3
投資活動之淨現金流入（流出）	(712.8)	(322.7)	(335.3)	(252.9)	(214.7)	(377.2)	(196.3)
融資活動之淨現金流入（流出）	154.8	46.6	478.5	(277.9)	(154.7)	(0.2)	41.8
匯率變動現金及約當現金之影響	34.9	(31.7)	(32.0)	3.0	(13.3)	(2.1)	17.1
現金及約當現金淨增加（減少）數	38.4	(60.7)	95.2	(76.4)	(8.6)	(44.5)	(5.1)
期末現金及約當現金餘額	309.3	248.6	343.8	267.4	258.8	214.3	209.2
負債／現金流比率（%）	41.46	41.96	0.40	18.44	34.57	27.60	21.81
利息覆蓋率（倍數）	8.5	6.7	(6.4)	3.7	7.7	6.7	6.3
自由現金流	(151.3)	(75.6)	(351.3)	198.5	159.4	(42.2)	(64.0)
市值	2,533.4	2,155.9	822.4	2,046.8	1,724.7	1,542.5	2,000.1

資料來源：2012 年東芝年報

註記框：
- 折舊下降
- 庫存天數上升
- 現金流下降
- 2007 年至 2013 年花費了 3,260 億日元

學到的教訓

　　東芝是一家複雜的公司，它有很多不同的業務活動，在查看像是東芝這樣的公司的帳目時，如果分開查看單一帳目，可能會很混淆且難以分析；將它們與過去幾年的帳目進行比較然後找出趨勢，會容易許多。

　　東芝 2012 年年報後面所提供的簡易趨勢摘要（其稱為合併財務摘要）很有用，這份摘要中數據的模式和變化，顯示出了關鍵績效指標正在惡化。簡而言之，當資產負債表項目中，出現了無法依照公司的營業活動水平（也就是銷售水平）解釋的變化，就需要深入調查。例如，根據東芝 2012 年年報的摘要，2006 年到 2012 年之間庫存水平上升了 30％，但銷售額卻大幅下降；儘管東芝提報了利潤，但現金卻持續耗損；儘管該期間總資產增加了，但是折舊費用卻下降了。照理說，每年的資產負債表和損益表項目應該要以某種密切相關的方式或多或少地變動。這種情況在東芝並未出現，這就代表帳目是有問題的。

結
語 | # 跳水這門課

　　當阿卡波可的高崖跳水者身處在墨西哥拉魁布拉達懸崖高聳的岩石上時，我們都知道接下來會發生什麼事，他們以每小時約 88 公里的時速從懸崖跳下，握緊拳頭保護自己免受下方洶湧的海浪襲擊。雖然他們有時難免會受傷，但從來沒有死亡事故。但是，對於股價遭受類似阿卡波可高崖跳水般下跌的公司而言，後果幾乎總是長期的傷害，甚至往往是致命的。

　　本書中提到的許多股價下跌都如同跳水者俯衝跳進水面一樣劇烈（雖然其中有些是拖戲的花式跳水），而所有的案例都對投資人和其他利益相關者造成了相當大的傷害，其中某些甚至導致相關公司破產。

　　阿卡波可的高崖跳水者在無可避免的俯衝跳入水中之前，都會先張開雙臂說祈禱詞。本書中所有股價下跌的案例也一樣，都是可以預見的。只要檢查報告的數字就可以明顯看出公司對未來的預期將無法實現，或者以前的結果不如表面上看到的那麼好。股價暴跌往往只是時間的問題。

線索就在那裡

雖然一家公司的年報著眼於過去，但也能為未來提供指引。就算表面上的數字可能乍看之下還不錯，但對於那些願意花時間去細看的人來說，年報之中很可能包含了許多線索，顯示並非所有事情都符合人們所看到的表象。書中所有這些公司都是如此：數字都告訴了我們股價有即將下跌的跡象。實際上，有時候只需要一個數字就夠了。這些公司俯衝跳水的方式，大概就連阿卡波可最著名和最受尊敬的高崖跳水者勞爾・加西亞（Raoul Garcia）都會為他們感到驕傲。

本書中針對各公司年報所指出的十個警告訊號並不是詳盡的清單，只是代表性的指標，表明情況在好轉之前會先惡化。這些股價暴跌讓我們學到的是，當公司的年報有下列徵兆時，股價可能會出現重大、甚至是災難性的下跌：

- 流動資產品質惡化，而對資產進行評估的主觀性卻提高。與應收發票和現金相比，合約可收回金額當然是品質較低的流動資產。

- 所施行的會計政策允許收入的確認遠遠早於實際收到現金，而應計收入的金額越來越大、持續增加。

- 資產負債表上的商譽金額過大，且幾乎無法被證實，

而用於預測過往所收購企業的未來現金流量的假設，
與當前的交易狀況不相符。

- 透過收購讓利潤維持成長。收購可以透過準備金和所
  謂的重組成本來操縱短期利潤，因為這些不會被計入
  公司的總體收益。

- 已披露的關係人交易。遠離與關係人有業務往來的任
  何公司，別找藉口，趕快離開就對了。

- 提報的營運表現有著令人擔憂的趨勢，例如庫存水平
  上升、現金流不佳、利潤率下降或營運資金大幅增
  加。數據越來越惡化的趨勢是你的朋友，告訴你要避
  開這家公司。

- 庫存水平不斷提高，或對其庫存估值進行奇怪的調
  整。庫存水平的提高代表將來可能會出現庫存陳舊過
  時的問題，並會帶來利潤下降的衝擊。

- 將大量的成本資本化。在正常情況下，這將使成本不
  會被計入損益表，而且可以讓提報的利潤變高，直到
  之後資本化的成本被沖銷，最終不得不提報較低的利
  潤為止。

- 審計師同時提供非審計服務並收取大量費用而有利益
  衝突。儘管現在已有準則規範，但並不嚴格；而且無

論審計師如何解釋說沒有衝突，他們一定都會發現很難完全獨立並維持客觀。

● 對債務的可收回性過於樂觀，未能為壞帳提供足夠的準備。過去銀行往往有這個問題，但是值得慶幸的是，由於現在年報揭露的資訊更加完善，很容易就可以看出壞帳準備金是否跟不上業務成長。

體制並沒有正常運作

在本書的某些案例中，審計師已受到了審計師的監管機構，也就是英國財務匯報局的譴責，但總是發生在損失已經造成之後，然而其實在公司股價暴跌之前，線索就已經在那裡了。年報就有我們需要知道的所有資訊。但有人認真看了嗎？

現在，當公司破產或股價暴跌時，人們往往很愛怪罪審計師，而在本書的許多案例中，審計師也確實應該為不專業的審計工作而被責備。但是，整個架構之中還有其他人，他們也應該承受一點責難。例如，機構投資人如今已越來越成熟了，他們明明可以做得更多，包括挑選審計師，甚至以評選程序挑選審計合夥人，以確保其投資業務的穩健性；銀行

家和顧問可以有特殊管道接觸到公司的資訊，卻保持著「恰到好處」的沉默；審計委員會不僅需要提高自己的水準，也需要盡量排除那些非執行職的老面孔；然後，還有些監管者，嗯……他們似乎都太晚採取行動，他們過去一直是被動的，將需要更加主動。

　　審計師、監管者、銀行家、顧問和投資人，這些人在股票上市公司的體系運作中都發揮著各自的作用，更不用說公司本身的管理了。那麼，體系運作的方式到底出了什麼問題？又有哪些改善方法可以降低本書所研究的股價下跌發生的可能性呢？

管理團隊的壓力

　　上市公司的管理團隊面臨著壓力。由於對股價的期望並不是著眼於過去，而是未來，達到預期目標甚至超過預期目標因此成為讓股價上漲的其中一種方式。而管理者如果未能達到預期目標且讓股價受損，他們很可能會丟掉工作，投資人很可能會找其他人來推動公司前進並使股價上漲。

　　管理團隊有著必須要竭盡所能以確保達成預期目標的壓力，這通常代表利潤需要隨著時間而增加，資產負債表的品

質需要保持或甚至因現金餘額的成長而變好，又或者，至少要減少債務。

　　這時就是我們能屈能伸的朋友「會計準則」發揮作用的時候了。它們為會計交易如何計入和提報提供了指引，但並不是刻板規範的，因此在應用時通常需要判斷和評估，這就是問題所在，因為使利潤保持上升（或至少不下降）的誘惑很大，這使得會計準則容易被濫用。管理團隊可以放鬆規定，而有時他們會跨過真實的幻想與犯罪欺詐的那條界線。

審計師的角色是看門狗，不是獵犬

　　審計，是對公司財務報表的獨立檢核。審計師被要求要就財務報表是否如實地、公正地反映其財務狀況，以及是否按照相關會計準則和公司法編制提供審計意見。審計師應承擔適當的工作量和工作類型，以檢驗公司董事所提供的數據是否有任何重大的錯誤陳述。他們還應該確保財務報表包括了會計準則和公司法要求揭露的資訊。審計工作還包括審計師向管理團隊詢問他們是如何達標的，並證明帳目中所包含的任何龐大數字的合理性。此外，審計師的工作範圍也延伸到確認像是公司欠款之類的書面公證資料確認（即證明或保

證書）。

因此，審計工作的主要特色有：是**獨立的檢核**，審計師針對財務報表將會**形成意見**；它需要充分的工作來識別任何重大的**錯誤陳述**；確認財務報表中有**必要的資訊揭露**；審計師將向管理者**提問**。而審計失敗通常是因為**未做足充分的工作**。

另外，審計不該對公司董事或公司的營運策略發表評論；不會評測所有內部控制；不會檢查財務報表中的所有數字；也不會檢查指定期間內的所有交易。最重要的是，審計並非旨在檢查欺詐，雖然很多人都誤以為是這樣。簡而言之，**審計師是看門狗（監察者），不是獵犬**。

四大會計師事務所是一大問題

國際會計的世界僅由四家巨型會計師事務所主導：畢馬威、安永、普華永道和德勤。在這之前有段時間曾經是「八大」會計師事務所，但是監管機構犯了允許它們合併為「四大」的錯誤，從而減少了競爭。對於某些公司來說，實際上是完全沒有競爭，因為公司很少會任命為競爭對手提供審計或非審計服務的審計師。國際律師事務所或其他專業領域並

沒有「四強」的現象，為什麼審計業是如此呢？我們需要找到某種方法來幫助其他公司成長，並在大型上市公司的審計中提供更多競爭的選項。然而種種跡象都顯示這在英國是有困難的，不久之前，英國排名第五的正大聯合會計師事務所（Grant Thornton）才宣布，因為被任命的可能性太低，它將不再競爭富時 350 公司的審計工作。這是非常不健康的情況。也許一些中型事務所的合併是必要的，並且應該強制規定大公司進行雙重審計，以增加小公司的專業經驗，並為審計提供新的視角。

　　本書講述了許多股價暴跌案例對審計師的教訓。審計師輪替是一件好事，因為隨著時間的推移，董事和審計師之間可能會變得過於熟悉，更確切地說，會變得過度依賴對方。雖然公司必須每十年進行一次審計招標，每二十年更換一次審計師，但是對於大公司來說這期間還是太長了，可能會讓關係變得依賴。我就曾經撞見一個彼此之間太過熟悉的情況：某家現在已不存在的零售商，其首席執行長請我在一家時髦的餐廳吃午餐，我看到該公司的審計員和他的情婦，也正悄悄地坐在角落的位子用餐。當然，這三個人當天只不過是普通的用餐者。

　　此外，四大會計師事務所在英國各區的辦公室，似乎都

遭受了許多災難，這使我懷疑他們可能過分依賴少數客戶。對於一家四大會計師事務所的區域辦公室來說，如果因為意見分歧而失去某家富時 350 公司作為客戶，和倫敦總部失去同樣的客戶相比，前者對業務會造成更大的影響。本書中提到的大部分公司案例，都是經由四大會計師事務所的地區辦公室進行審計作業。

在某些狀況之下，審計師可能會無法審計特定項目的金額，例如進行中的工作，特別是部分完成的建築合約，就是很難審計的項目。在這種情況下，審計師可能別無選擇，只能仰賴董事會對合約完成程度與完成合約所需費用的保證。對此，也許最好的作法是請建築項目的專家來驗證董事會所提出的保證。我們從 Carillion 與其他的案例中看到，建築公司提報的利潤尤其取決於合約可收回金額的估價。在 Carillion 的案例中，審計員難以應付的正是大型、部分完工的醫院建案的價值。

如果審計公司還向企業提供其他賺錢的服務，例如諮詢服務，則可能會產生利益衝突的問題。為了保持獨立性，審計公司當然應避免在擔任某家企業審計師的同時，還向該企業提供其他服務。例如，在被惠普災難性收購的前一年，Autonomy 的審計師在 2010 年收取了 120 萬英鎊的非審計服

務費用和 150 萬英鎊的審計費用。非審計工作所賺的錢對執行審計工作的嚴謹性有多少影響呢？沒人知道，但是潛在的利益衝突那麼明顯，應該要避免才對——惠普一定也有同樣的觀點。

　　最後，我認為不應該將審計師的工作分為事務所和諮詢公司，而是應該讓年輕的實習審計師有更多機會做有報酬的諮詢工作。通常，年輕的審計師都是聰明的人，如果將他們排除在進行非審計工作之外，那麼，重要但有時乏味的審計工作的人才就會減少，這對審計產業來說是個壞消息。像任何專業的實習生一樣，年輕會計師必須先進行艱苦的訓練，才能進入所選產業陽光普照的高原。但是，越來越多的審計工作是由過勞的年輕畢業生進行，因此隨著對審計師的期望和批評上升，他們卻從技能階梯上被推落。審計委員會是時候該站出來了，甚至應該明令審計師加入，這樣他們將可以更完善、更全面地了解公司的業務活動，同時也能在整個年度隨時洞察潛在的會計問題，而不是到年底才發現問題，有備則無患。我有一位朋友，先前是一家四大會計師事務所的合夥人，最近加入了幾家上市公司的董事會，並告訴我他學到了許多關於公司如何運作的知識，尤其是他們如何「管理」審計師！你覺得這代表著什麼呢？

監管者：這群人太安逸了

　　英國財務匯報局是公司的帳目、審計師和會計師在英國的主要監管者。英國財務匯報局存在的目的，是促進高品質的公司管理和財務報告，並藉著此舉向全球展現英國是一個投資和經商的好地方。它還使那些因不當行為而受到指責的人承擔起責任。想要確保英國的資本市場同時充滿活力和值得信賴，英國財務匯報局的工作是關鍵。然而，雖然它旗下有許多委員會，但是卻毫無幫助，因為這些人通常都來自四大會計師事務所。有人甚至還會說英國財務匯報局就像是一個有很多老朋友的舒適私人俱樂部，因為兩者有很多共通之處。事情肯定必須要有所改變。

　　現在，人們已經意識到這不是一個理想的狀況，而四大會計師事務所的兩名高級合夥人也已悄悄離開了英國財務匯報局。儘管如此，整體來說最大的問題還是會計師們對自己進行監管的行為——英國財務匯報局甚至會不時使用會計師事務所來調查其他的會計師事務所。當然，這就代表著調查可能被輕輕放下，因為隔年情況可能會完全逆轉，去年的調查者也有可能被去年所調查的對象進行調查。

　　就像鬧劇默片中無能的警察總是晚了一步才到犯罪現場

一樣，英國財務匯報局的問題在於他們的重要調查通常都要等到損害已經造成後的某個時間點才開始。但是在 2017 年時，他們確實完成了 203 項年報審查和 139 項審計審查，目的是對將來可能出現的問題先發制人，而我們只能猜測這些審查的深度和針對性。

我的感覺是，雖然四大巨頭的一些菁英可能會選擇在倫敦城牆內的英國財務匯報局辦公室裡，度過他們工作職涯的最後幾年，但真正從事這項工作的人卻很少。所以，為了使監管機構達到其目標，應該要增加更多的前線步兵。在 2012 年時，英國財務匯報局曾經只有 6 個人在進行調查和執行任務；現在有 30 個人，這的確是一個明顯的改進，但是在我看來，如果要滿足越來越高的期待，資源仍然太少。

由於資源有限，英國財務匯報局必須聰明行事。有一個可以幫助監管者縮小範圍，並聚焦在最該關注公司的好方法，那就是檢查倫敦證券交易所的賣空股份清單，找出那些被避險基金做空的公司。避險基金通常會做最好的鑑識調查（可悲的是，現在的投資銀行研究分析師，很少做像避險基金這樣的調查），而且避險基金在發現會計花招上也常常遙遙領先於市場。

此外，可以打造一套針對所有上市公司的財務篩選工

具，舉例來說，該工具可以篩選並顯示出像是提報的利潤和現金流量之間的差距越來越大；應計收入水平上升；固定資產折舊率下降；低稅費以及資產品質惡化的公司，這可能有助於監管機構以更快的速度採取行動。另外，訪問基金經理人和信貸分析師可能也是一個好主意，他們之中某些人是透過借方的信用來認識借方，而且他們之中最優秀的人非常熟悉年報。既然必須知道要在哪裡找到問題，那麼為什麼不使用與最老練的投資人相同的工具呢？最佳守門員的前身通常是待在前鋒的偷襲者。

英國財務匯報局也應該審查同一產業的公司帳目與會計政策。他們當然可以這樣做，但目前尚不清楚是否有如此作業。像是 Carillion 破產的事件就應該促使英國財務匯報局對所有類似公司進行調查，尤其是針對長期建案合約的估值。而 Carillion 以獨特的會計方法，利用提前付款條款（early payment facility，簡稱 EPF）讓 Carillion 的下游承包商付出代價，英國財務匯報局也應該就此進行調查，看還有哪些公司將其債務藏在其他債權人的身上。未來現金流量的當前估值也是另一項值得特別注意的會計政策，它確實可以使收入的計入早於實際收到現金，但我們知道這不是一件好事。

英國財務匯報局請加油！

2016 年時，英國財務匯報局成為英國法定的審計主管機構，任何的執行都將根據審計執行程序（Audit Enforcement Procedure，簡稱 AEP）進行，並且從最初的訪問與調查，到法庭審理的過程預計將不超過兩年。新的權力意味著公司和審計師現在必須根據審計執行程序的規定向英國財務匯報局提供資訊。現在英國財務匯報局的權力和資源都增加了，這是大家都非常樂見的，但是在過去，英國財務匯報局的作業流程總是漫長而迂迴，且需要進行大幅調整。

以麥提為例，2015 年麥提的年報中早就有清楚的跡象顯示利潤和資產被大幅高估了，但是英國財務匯報局一直到 2017 年 7 月才開始進行調查，當時英國財務匯報局甚至是在非常強烈的催促壓力下才啟動調查。至今我們仍在等待該調查的結果。

惠普在 2011 年末收購了 Autonomy，不僅是因為這在當時看來是一個好主意，還基於許多不同層面的原因——我們會假設，對 Autonomy 的 2010 年年報所進行的全面分析會是決定因素。為什麼不對 Autonomy 的 2010 年年報做全面的分析呢？當時在投資圈中早就瀰漫著該公司有問題的傳言，英

國財務匯報局也應該意識到這些不對勁的狀況才對。如果以過去其他英國軟體公司（包括 iSOFT）的會計花招，引起針對這些公司的調查作為考量，也應該要對 Autonomy 進行調查。同時在美國，FBI 早已對 Autonomy 進行並完成調查，確認其財務總監涉嫌電匯詐欺、證券詐欺和串謀等 16 項罪行。身著黑色西裝的 FBI 調查員永遠不會被指責是無能的警察。

還有其他一些例子，其中調查有所結論所需的時間似乎都過長。高利貸業者 Cattles 在 2009 年破產，但是一直要到大約七年後的 2016 年，英國財務匯報局才終於懲戒其審計師和財務總監，而且和股東和貸方所遭受的損失相比，該審計師和財務總監只是被處以非常少的罰款。英國財務匯報局對飛機零件批發商 Aero Inventory 的調查，也要等到 2011 年才開始，而該公司的股票早在 2009 年 10 月即被暫停交易，該調查主要聚焦在回溯至 2006 年的年報。在 2016 年，也就是開始調查的五年後，英國財務匯報局才發現其審計師和審計合夥人的表現遠低於合理預期的標準。Aero Inventory 的會計作法和 2006 年財報中的披露有問題；2006 年、2007 年和 2008 年的庫存估值，與 2007 年和 2008 年的現存庫存量也都有問題，我可以繼續說下去……

反應更快、更聰明、更強悍

　　為使正義得以實現，並且被所有人正視為是可以實現的，英國財務匯報局必須迅速採取行動。目前它所判處的罰款是相當微不足道的，與其他人所遭受的損失完全無法相比。為了確保審核工作在一開始就達到適當水準，並且確保公司內部的會計符合合理執行的會計標準，將來的罰款應該要提高。

　　現在，有一些證據顯示英國財務匯報局正在改善自己的表現。現在幾乎每一天，倫敦城牆內的監管機構都會發出會計事項的新聞稿。在 2018 年年中，總共有 28 筆正在進行中的調查，涉及 77 個調查對象。如下頁圖表所示，2014 年英國財務匯報局僅開罰 180 萬英鎊罰款；2017 年為 1,780 萬英鎊；而到了 2018 年，在六個月內就已經開罰了 1,630 萬英鎊。英國財務匯報局的情況看來正在改善，儘管這些都是結算折扣之前的數字——為什麼要給折扣？為什麼罰款這麼少？

　　他們似乎也更合理地採取行動，但這並不是因為出現更多的會計騙局，而是因為英國財務匯報局的資源變得更加豐富，也擁有更多權力了。這也許與英國政府進行的「Kingman」評估有關，該評估旨在確認英國財務匯報局是

否具有達成目標必須要擁有的資格與權力。不管是什麼原因，英國財務匯報局最近似乎做得比以前更多。

更多罰款

財務匯報局罰款於結算／折扣前的原始金額總計（單位：百萬英鎊）

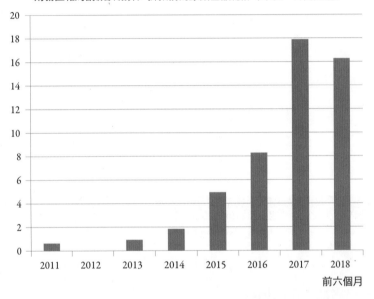

資料來源：英國財務匯報局

對於那些抱怨英國財務匯報局過去對錯誤的帳目和會計師做得不夠多的人（我就是其中之一），我想說明這可能是有原因的。這也許是因為與英國金融行為監管局相比，英國財務匯報局的資金嚴重不足（請參閱第 257 頁的「小與大：

監管機構比較」）。不過，雖然英國金融行為監管局所管轄的範圍顯然較大，但英國財務匯報局的重要性也在日益提高。曾經，每個人都討厭銀行；很顯然地，我們現在也不喜歡會計師。

從英國財務匯報局在要求他人負責的許多工作中所得出的結論是，往往是可憐的、年邁的財務總監被罰款並處以禁令，而他或她可能只是一直按照其他董事的命令行事，至於犯錯的執行長有可能無事一身輕地擺脫困境。英國財務匯報局應該也要監管其他的董事才對，不是嗎？

小與大：監管機構比較

	年度收入	員工數
英國金融行為監管局	6 億英鎊	3,739 人
英國財務匯報局	3,000 ～ 3,500 萬英鎊	最多 200 人

資料來源：英國金融行為監管局與英國財務匯報局

改善標準

除了監督在英國的企業管理與報告，英國財務匯報局也負責設定我們的會計標準。最近，為了使重要差異趨於一致，英國財務匯報局採用了國際會計準則理事會（IASB）和美國

財務會計準則理事會（FASB）設定的標準。IASB 負責制定國際財務報告準則（IFRS），以前稱為國際會計準則（IAS）；而 FASB 是美國的準則制定機構，旨在促進和改善一般公認會計原則（GAAP）。

IFRS 15「客戶合約之收入」是收入確認急需的新標準，也是世界上兩大主要會計準則組織所同意的標準。但是這並沒有及時發生。協調不同國家收入確認準則的工作早在 2002 年就開始了，但是進展相當緩慢，IFRS 15「客戶合約之收入」在 2014 年才發布，並終於在 2018 年初生效——總共花了整整 16 年！讓我們先說清楚，這不是英國財務匯報局的錯。由於美國和英國的收入確認之間本來就存在重大差異，因此迫切需要進行協調。美國的 GAAP 是基於規則，而具有明確的應用指南；IAS 與 IFRS 是基於原則，而且幾乎沒有應用指南。

在 IFRS15 發布之前，IAS18「收入」是在英國用於合約收入的會計標準，而 IAS11「建造合約」則被用於建築合約上。根據 IAS18，收入可以由某個個體確認：

- 當個體將所有權的風險和報酬轉移給買方。
- 當個體對所售商品沒有有效的控制時。
- 當銷售可以確實地被計算。

- 當與交易相關的經濟利益很可能流入該個體。
- 當交易的成本可以準確地計量。

　　而依照 IAS11 號，建築合約的收入按合約的完成程度確認。關鍵在於對預估的依賴——我們都知道這些預估可以落差多大。這在會計稱為完工比例法。要確認建造合約的收入，必須要能夠：

- 可靠地估計合約的成果。
- 確實地估計合約的總收入。
- 估計合約的完成階段。
- 估計完成合約的費用。

　　IAS11 和 IAS18 都很需要仰賴衡量與管理者提供估計，而問題往往就發生在這些地方。現在取代了 IAS11 和 IAS18 的 IFRS15，對收入確認就有更嚴格的要求，其主要的原則是，收入確認應和向客戶轉讓商品與服務的形式相符合。根據 IFRS15，收入確認分為五個步驟，其中包括賣方應履行義務的責任。這些步驟如下：

- 必須確認合約。
- 必須確認賣方的履約義務。

- 必須確認交易的合約價格。
- 該價格必須分攤至履約義務。
- 僅在履行履約義務時確認收入。

此調整的結果是未來將更重視收入的確認，這也意味著它將與收到現金的時間點更一致。我認為這是很大的進步。依照此調整，收入將不會在某段時間內被確認，而是在特定的時間點進行收入確認；重點將不是放在與客戶的交易，而是放在合約上；現在，收入的確認不再是基於移轉所有權的風險與報酬，而是由賣方履行既定的履約義務；而且，對預估的需求可能會更少，因為它比以前更具規範性，將會大幅降低對管理判斷的依賴，這永遠是一件好事。

可以說，如果 IFRS15 更早施行，那麼最近許多的會計問題都可以早點被發現（尤其是在支援服務公司的），因為這項準則將減少對管理團隊的預估、判斷和主觀性的依賴。如果所有在英國財務匯報局工作的人都知道 IAS11 和 IAS18 固有的明顯缺陷，以及它們對預估和主觀性的依賴，那些使用這種過時且明顯已被濫用的會計標準的大公司，是否全部都該被特別監督調查？英國財務匯報局至少可以告知有關的審計師和公司，讓他們知道他們正因此事受到監督。也許

英國財務匯報局確實有對這些公司發出警告，只是我們不知道。這兩項已成歷史的會計標準，曾經是某些人靈活的幫手，幫助他們確保重要的期望達標、維持股價、維持董事層級的工作和薪水。

缺乏完善的獨立研究

過去，投資人要獲取上市公司的資料相對簡單，只要不是在對股價資訊敏感的期末，通常拿起電話就可以聯繫到公司。基金經理人常常會說，對他們的投資決策影響最大的，是與公司管理團隊的會面。但是如今很難和公司經理聯繫並要求對外的會議，而他們所做的演講雖然正式且流暢，但往往欠缺豐富的資訊。管理者幾乎不會脫稿，幾乎總是按照腳本演出。現在，可以弄清楚一家公司如何運作的珍貴資訊，變得越來越難取得了。

另外，投資分析師的研究數量也下降了，坦白說，不只數量，連品質也是如此。因為股票交易佣金降低且交易的股票數量減少，基金經理現在不得不自掏腰包支付研究費用，因此產出研究的人才也變少了。悲哀地說，從來沒有人因為寫了精闢、深刻、具調查性的研究而真正致富。而歐盟新金

融市場工具指令（Markets in Financial Instruments Directive，MiFID II）更是加速了獨立研究質量和數量的下降，該指令規範了向客戶提供金融工具相關服務的公司（股票、債券、集體投資計畫的單位和衍生性金融商品），並且被許多人視為災難。未來，研究將會更少。一些最好的投資分析師正在迅速轉入買入方，或者正迷失在整個產業中。誠然，有些研究非常可怕，但是無論如何，研究總是被市場所忽略。在市場中失去聲音，不論是任何聲音，都會是一個問題。過去，對於基金管理人來說，研究似乎是免費的，因為他們會透過股票交易佣金來間接支付。現在，一切都不一樣了。

很多事情都在改變，這代表著投資人不太可能了解情況，關於公司的爭論將更少，而決策者和影響者也將更少。資訊的市場就跟任何其他市場一樣，參與者越多，市場就越好。歐盟新金融市場工具指令正在減少參與者的數量，這將導致股票的交易量更少，代表著更大的波動性，尤其是在中小型企業——這可能不是歐盟新金融市場工具指令的設計者想要的。因此，年報將成為更為重要的文件，投資人為了要了解他們所投資的公司，將會更加依賴年報，也會更急迫地想確保年報是有效的、有用的、可靠的文件。未來，更多的投資人將需要自己閱讀這些重要的文件，並且知道要找什

麼，以及在哪裡可以找到。以前，這通常是遭到大肆誹謗的
獨立研究分析師的工作，但是現在他們不在了。這就是為什
麼我希望本書中的案例，能夠幫助投資人切入任何上市公司
年報第一章的假象和宣傳文字，並從整份文件的數據中找到
重要的細節與珍貴的資訊。**通常，一項無法解釋的異常數據
就是在告訴你要避免這家公司的股票，這就是冰山原則。**許
多市場參與者，包括審計師、監管機構、機構投資人、銀行、
會計師和公司管理者，都因為最近造成投資人數十億美元損
失的一些股價災難而遭受譴責。但是在本書的所有案例中，
重要的年報之中都會有跡象顯示股價即將下跌，問題只在於
何時會發生。

相關詞彙

接下來將簡單說明本書中的某些專業用語和縮寫。

Accounting policies 會計政策

公司在編制財務報表時，需要遵循的原則、程序和規範。會
計政策必須在年度報告中披露，其中應包括折舊率、商譽和
股票估值的計算方式。

Accounting standards 會計標準

在受規範的公開市場上進行股票交易的公司，必須根據國際
財務報告準則（IFRS）編制其帳目。這些準則由國際會計準
則理事會（IASB）發布。IFRS 正逐漸取代許多不同國家的會
計準則，以確保會計帳目是可比較的，並且在全球各國都可
以被解讀。由 IASB 的前身，國際會計準則委員會（IASC）
所發行的會計準則被稱為國際會計準則（IAS），由於尚未
完全被 IFRS 取代，因此至今仍在使用。針對本書中特別參照

的會計標準,將在後面詳細介紹。

Accruals 應計費用

公司已發生但供應商尚未開具發票的費用。應計費用通常是所欠款項的估計值。

Accrued income 應計收入

公司聲稱已賺得的收入,但尚未向客戶開具發票,也未收到現金。應計收入在收入賺取的期間內被確認,而非在收到現金的期間內被確認。

AIM 另類投資市場

另類投資市場是在英國監管較寬鬆的市場,允許規模較小、較新的公司上市並籌集資金。

Amortisation 攤銷

無形資產,例如已在資產負債表中以資本化計入的開發成本,在損益表中以數年的方式列為支出。資產價值每年在資產負債表上的減少額,等同於損益表中所記錄的攤銷成本。資產可供使用時即開始攤銷,其攤銷的期間內,攤銷應反映

出資產的消耗方式（每年可能有所不同）或是資產的預期使用年限。在後者的情況下，於預期使用年限的每一年均攤銷相同的金額，這種攤銷方式稱為直線折舊法。

Audit 審計

對公司財務報表進行獨立檢核。法律要求所有公司都必須由合格的審計師進行獨立審計。審計師需要判斷公司所提供的數據是否真實且公正地反映了公司的財務狀況，以及是否符合相關會計準則和公司法。審計還需要確認在財務報表中包含所有被要求必須披露的資訊。

Audit committees 審計委員會

在美國和英國上市的公司，必須設有審計委員會，且至少應有兩名獨立的非執行董事。審計委員會必須監督財務報表是否具備完整性、查核內部控制與內部審計的有效性、監督內部審計師的任命，並制定現任審計師的非審計服務政策。

Balance sheet 資產負債表

有時稱為財務狀況表，它列出公司在特定日期所擁有的所有資產和債務，能讓我們對公司的財務狀況有所了解。資產負

債表也呈現出業主的利益（又稱為權益）。資產負債表必須永遠維持平衡，公司所欠的金額需相等於其所擁有的金額。

Banking covenants 銀行契約

銀行借貸給公司時強制施行的條件。目的是確保公司能夠償還貸款利息以及所需的資本。如果公司違反契約條件，會造成嚴重後果，公司可能需要對貸款進行再融資，否則就可能會破產。

Big Four 四大會計師事務所

全球四大會計師事務所：安永、普華永道、畢馬威和德勤。它們在審計市場的優勢，以及非審計服務某種程度上的優勢，是非常具有爭議性的。在 1980 年代的併購發生之前，四大會計師事務曾經是八大會計師事務所，包括安達信、亞瑟．楊、普華、永道、德勤、Touche Ross、恩斯特．惠尼、畢馬威。

Capitalise 資本化

某項目在資產負債表中記為資產，而不是在損益表中的支出，則視為資本化。如果支出項目的預期可用年限超過一年，

則可將其資本化。

Carrying value 帳面價值

某項資產記錄在資產負債表上的價值。

Cash 現金

公司放在銀行的錢。

Cash flow 現金流量

公司在特定期間內產生的現金。它是針對非現金項目如折舊，與營運資金的投資如庫存、應付帳款、應收帳款等，所調整後的營業利潤。

Cash generating unit (CGU) 現金產生單位

一組可被辨別獨立出來的數個資產項目。它們本身所產生的現金流量，與其他資產群組所產生的現金流量是分開計算的。商譽所被分至的現金產生單位，必須每年進行評測，以確保其可收回金額高於其帳面價值。

Cost 成本

參見第 270 頁的費用與已支出的費用（Expense and expensed）。

Creditors 債權人

公司需償付錢的對象。

Current assets 流動資產

預期可在一年內轉換為現金的資產，例如應收帳款和庫存。

Debtors 債務人

需償付錢給公司的對象。

Depreciation 折舊

將固定資產的成本，減去其估計使用年限內的殘值後，透過損益表進行系統性分配。有形資產一般會進行折舊，而無形資產一般會被攤銷。

Dividend 股利

公司支付給股東的錢，以每股幾便士或幾分美元表示。

Dividend cover 股息保障倍數

該比率顯示公司的收益涵蓋多少股利。它可以用來衡量股利的保障性。覆蓋率小於 1，表示部分股息是從保留盈餘中支付，且可能無法持久。

Due diligence 盡職調查

簽訂合約（也許是某間公司收購另一間公司的合約）之前需要完成的工作。這項工作的目的是提供足夠的資訊，以便就所收購事業的品質與其實際的價值，做出明智的決定。

EBITDA 息稅折舊攤銷前利潤

公司的淨收益加上債務利息、稅項、折舊和攤銷。透過 EBITDA 計算，可以將某家公司與另一家公司進行比較，因為它去除了債務、稅項、折舊和攤銷的成本。這些通常是特定公司的特殊項目，在某些情況下可能具有主觀性。EBITDA 近似於現金流量，但重要的是，EBITDA 不考慮營運資金可能吸收的現金。

Expense and expensed 費用與已支出的費用

費用或成本，會在某段時間內以現金外流、資產減少或負債

增加的方式，減少經濟效益。一項費用在被計入損益表時，會被認為是已支出的費用，並從銷售額中所扣除。在某些情況下，費用可以資本化並記錄為資產，然後透過損益表，依據時間而折舊。

Fair value 公允價值

某項資產於有意願、知情的、具備相關知識的各方之間，按公平交易意願交換的金額。

FCA 英國金融行為監管局

英國金融行為監管局負責監管英國金融業的公司和市場，旨在保護消費者。

Fixed asset 固定資產

有形的資產，例如機器，具有超過一年的可用年限，並在公司營運時被使用。固定資產通常會依其預期可用年限進行折舊，並在損益表中計為成本的附加項目，因此會減少利潤。建築物和土地則有不同規定。

FRC 英國財務匯報局

英國財務匯報局監管英國的會計師、審計師和精算師。英國財務匯報局可以保護那些信賴公司年報的投資人。針對那些未能達到普遍接受的專業標準的，英國財務匯報局也將追究其責任。

FTSE 100 富時 100 指數

此市值指數由在倫敦證券交易所上市的前 100 大公司所組成。通常，富時 100 指數由以英國為基礎，且同時在世界各地營運的公司所組成。

FTSE 250 富時 250 指數

此市值指數由在倫敦證券交易所上市，順位為前 101 大至 350 大的公司組成。通常，富時 250 指數由在英國營運的英國公司所組成。

FTSE 350 富時 350 指數

它由富時 100 指數和富時 250 指數的公司所組成，因此代表了在倫敦證券交易所上市的前 350 家最大公司。

Goodwill 商譽

一間公司收購另一間公司時所產生的無形資產。它代表收購該公司支付的費用，與所購入淨資產的公允價值之間的差額。其中將包括公司的品牌名稱、客戶關係、公司本身的技術與專利的價值。每年必須對其價值進行審核，以確保其價值並未受損。

Impairment of assets 資產減損

如果資產的可收回金額小於其帳面價值，則此資產的價值已經減損。

Income statement 損益表

公司營運績效的指標，通常以一年為期。簡而言之，它包括一段期間的收入和成本所產生的損益。損益表又稱為綜合損益表。

Independent research 獨立研究

由投資分析師所進行的研究，研究目標是和他們所服務的單位沒有任何關聯性的公司。銀行和經紀人會向機構客戶提供這項有價值的服務。這曾經包含在他們收取的費用中，但是

自從引入歐盟新金融工具市場指令修訂版（MiFID II）以後，
這項服務現在必須單獨收取費用。許多人認為這會減少研究
的進行，特別是在規模較小的公司。

Initial public offering (IPO) 首次公開募股

公司首次向包括機構投資人在內的大眾發行股票。首次公開
募股後，該公司即成為上市公司。首次公開募股之前的公司，
應該是一家私人公司，其股東人數可能有限，其中可能包括
公司的創始人、他們的朋友、家人和風險投資人。

Institutional investors 機構投資人

代表他人進行投資的資產管理人、保險公司、銀行、退休基
金和投資信託。他們被認為是專業人士，在公認的交易所進
行的絕大多數股份交易，都是透過機構投資人經手。

Intangible assets 無形資產

非實體物且年限超過一年的資產。例如企業收購時所獲得的
商譽、專利與研發支出。

LSE 倫敦證券交易所

英國主要的證券交易所，許多國際和英國公司在此上市。

Market capitalisation 市值

投資人賦予公司的貨幣價值。它是將公司股價乘以已發行股票數量的乘積。

MiFID II 歐盟新金融工具市場指令修訂版

「歐盟新金融工具市場指令修訂版」於 2018 年 1 月發布，影響了股票、債券、衍生性商品和產品市場，以及所有在其中發揮作用者。其目的是保護投資人並確保市場以公平和透明的方式運作。其最主要的影響之一，是確保資產管理人為投資研究獨立付費。過去，這筆費用都包含在股票交易所支付的佣金中。許多人認為，MiFID II 將讓針對中小型公司的研究數量減少，可能會對一家公司籌集資金的能力及其股票的流動性產生不利影響。

Mobilisation costs 動員成本

通常是由承包商為開始長期合約而發生的費用，這些費用可能包括運輸、設備和人員費用。IAS11「建造合約」允許在

合約有效期內,將這些項目資本化並攤銷,但是許多公司將這些費用列為支出。IFRS15「客戶合約之收入」要求將這些成本資本化,但前提是需要滿足某些條件。動員成本的問題在於有些公司誇大了成本,從而使利潤上升。

Percentage of completion method 完工比例法

IAS11「建造合約」允許公司根據合約已完成的比例,在收益表中確認收入。問題是,此作法往往仰賴管理者的估計,而有時它們是錯的。IFRS15 取代了 IAS11 後,收入確認需要符合更嚴格的管理規範。

PFI 民間融資提案

公司藉此方法來承接建造和管理公共專案。民間融資提案使政府不用支付該專案的資本成本,但是它們卻與長期服務合約綁在一起,需支付對新建資產,例如醫院的使用費。有些人會批評政府使用民間融資提案讓債務不會反映於資產負債表上。

Present value 現值

未來現金流在今天的價值。因此,如果利率為 10%,則英鎊

1.10 元在一年後的現值就是英鎊 1 元。

Price-earnings ratio 本益比

以盈餘達到股票當前價值所需的年數，來衡量公司股票的價值。計算方式為股價除以每股盈餘。

Price sensitive information 股價敏感資料

和公司或其股票有關的未公開資訊，大眾通常比較難取得，一旦公開將可能對股價產生影響。

Prospectus 招股說明書

這是當公司預計發行股票並在交易所上市時所提供的文件，內容是有關此公司的所有重要資訊，以便投資人擁有足夠的資訊就是否投資做出決定。它包含財務報表、營業活動說明、有關董事的詳細資訊、重要合約與其他資訊。這是一份詳細的文件，內容甚至會比年報更多。

Reorganisation costs 重組費用

重組公司營運活動或關閉公司所產生的費用。它們通常會被獨立標示在損益表中。

Realisable value 變現價值

在有秩序的市場中出售資產可獲得的現金。

Recoverable amount 可收回金額

資產的公允價值（例如在公開市場上）和其使用價值（可以是稅後現金流量按公司的資本成本折現後的預期年限的現值）中的較高者。當資產沒有適合交易的公開市場時，使用價值的數字通常可視為該資產的可收回金額。

Related party transaction 關係人交易

在交易發生之前，交易的雙方存在著關係。這類的交易通常有嚴格的規定，其詳細資訊需要在年度報告中披露。

Revenue recognition 收入確認

公司在損益表中確認收入的方法。最近，英國採用了 IFRS15「客戶合約之收入」，其對公司在損益表中確認收入的方式和時間設定了嚴格的標準。以前使用的是 IAS11「建造合約」和 IAS18「收入」，但因為這兩個會計準則會在某些情況下被濫用，所以 IFRS15 現在廣受歡迎。

Rights issue 新股認購權

授予現有股票持有人可以按其現有持股比例，以折價購買新股份的權利。股東沒有義務行使其購買股票的權利，實際上他們可以出售其權利。當公司需要籌集資金時，就會提新股認購權。

SEC 證券交易委員會

證券交易委員會負責監管美國證券市場，它的工作是保護投資人，允許募集資金並促進公平性、高效和有秩序的市場。

Shorted 空頭

公司將一部分股票借給避險基金，然後避險基金將其出售，預期當需要歸還股票時，他們將能以較便宜的價格購回股票並從價差中獲利。但是，如果股價上漲且他們得付出更高價格來購回股票，那麼他們將會有虧損。

Stakeholders 利害關係人

所有和某項業務有關，並受其活動影響的單位。利害關係人包括員工、所有者、經理、供應商、客戶、貸方、政府與社區。

Trade receivables 應收帳款

因為某家公司提供的服務或所售商品，所欠該公司的欠款。

Trading Statement 交易聲明

讓市場了解公司最新交易狀況的聲明，通常在半年或年終的關鍵交易期結束之後發布。此外，當一家公司的交易嚴重低於市場預期或超過市場預期時，也會發布交易聲明。

US GAAP 美國一般公認會計原則

美國使用由 FASB 所發布的一般公認會計準則。在某些情況下，它們會與 IASB 所發布的 IFRS 有很大差異。

Working capital 營運資本

應收帳款、存貨和現金加總後減去應付帳款的金額，即一年內可以轉化為現金的資本。公司需要營運資本來推動業務運轉，但營運資本金額不能太大，否則現金將減少而債務將增加。因此，公司需要在營運資本、現金與債務之間取得平衡。

重要會計準則

IAS 2 － Inventories 國際會計準則第 2 號「存貨」

此準則規定庫存的估價方式，應該以成本和可變現淨值中的較低者來估價。

IAS 11 － Construction contracts 國際會計準則第 11 號「建造合約」

此為舊的會計準則，規範超過兩個或多個會計期間內完工的建造合約，其收入和成本的記錄方式。其標準為只要能夠可靠地預估結果，就應該依照合約的完工比例法來確認收入和成本。現已被 IFRS15 取代。

IAS 18 － Revenue 國際會計準則第 18 號「收入」

規範銷售商品或提供服務收入的會計方式的舊會計準則，原則上當該公司很可能因此獲得未來的經濟利益時，就應該確認收入。現已被 IFRS15 取代。

IAS 36 － Impairment of assets 國際會計準則第 36 號「資產減損」

此會計準則規範資產在資產負債表中的帳面餘額不可超過其可收回金額。可收回金額是指該資產的公允價值和使用價值中的較高者。這些資產包括企業收購時產生的商譽，商譽需每年進行減損測試。

IAS 38 － Intangible assets 國際會計準則第 38 號「無形資產」

此會計準則規範了度量和認定軟體、商標、開發成本和專利等無形資產的條件。如果某項無形資產很可能在未來產生經濟效益，且其成本可以可靠地計量，則該公司必須在其帳目中將無形資產列為資產。無形資產需在損益表中攤銷，且需做減損測試。

IFRS 3 － Business combinations 國際財務報告準則第 3 號「企業合併」

此會計準則適用於收購時，規範該如何記錄和披露被收購公司的資產和負債，以及如何計算收購時的商譽。簡單來說，收購時的商譽是購買對價與所收購淨資產公允價值之間的差額。

高寶書版集團
gobooks.com.tw

RI 339

不踩雷投資法：留意 10 大跡象，避開地雷股，發掘潛力股，掌握獲利原則
The Signs Were There: The clues for investors that a company is heading for a fall

作　　者	提姆・史提爾（Tim Steer）
譯　　者	曾琳之
責任編輯	林子鈺
封面設計	林政嘉
內頁排版	賴姵均
企　　劃	鍾惠鈞

發 行 人	朱凱蕾
出　　版	英屬維京群島商高寶國際有限公司台灣分公司
	Global Group Holdings, Ltd.
地　　址	台北市內湖區洲子街 88 號 3 樓
網　　址	gobooks.com.tw
電　　話	（02）27992788
電　　郵	readers@gobooks.com.tw（讀者服務部）
	pr@gobooks.com.tw（公關諮詢部）
傳　　真	出版部（02）27990909　行銷部（02）27993088
郵政劃撥	19394552
戶　　名	英屬維京群島商高寶國際有限公司台灣分公司
發　　行	英屬維京群島商高寶國際有限公司台灣分公司
初版日期	2020 年 1 月

Copyright © Tim Steer, 2018
This edition is published by arrangement with Profile Books Limited through
Andrew Nurnberg Associates International Limited. All rights reserved.

國家圖書館出版品預行編目（CIP）資料

不踩雷投資法：留意 10 大跡象，避開地雷股，發掘潛
力股，掌握獲利原則 / 提姆 . 史提爾 (Tim Steer) 著；
曾琳之譯 . -- 初版 .
-- 臺北市：高寶國際出版：高寶國際發行，2020.01
　　面；　　　公分 . --（致富館；RI 339）
譯自：The signs were there : the clues for investors
that a company is heading for a fall

ISBN 978-986-361-783-9（平裝）

1. 股票投資　　2. 投資分析

563.53　　　　　　　　　　　　　108021117